西北工业大学精品学术著作培育项目资助出版

# 我国国有企业
## 功能定位与改革思路研究

———— 陶惠敏 ◎ 著 ————

# STUDY ON FUNCTION
## ORIENTATION AND REFORM IDEAS OF STATE-OWNED ENTERPRISES IN CHINA

图书在版编目（CIP）数据

我国国有企业功能定位与改革思路研究 / 陶惠敏著 .—北京：企业管理出版社，2022.10

ISBN 978-7-5164-2685-2

Ⅰ.①我… Ⅱ.①陶… Ⅲ.①国有企业－经济功能－研究－中国②国有企业－企业改革－研究－中国 Ⅳ.① F279.241

中国版本图书馆 CIP 数据核字（2022）第 154452 号

| | |
|---|---|
| 书　　名： | 我国国有企业功能定位与改革思路研究 |
| 书　　号： | ISBN 978-7-5164-2685-2 |
| 作　　者： | 陶惠敏 |
| 策　　划： | 侯春霞 |
| 责任编辑： | 侯春霞 |
| 出版发行： | 企业管理出版社 |
| 经　　销： | 新华书店 |
| 地　　址： | 北京市海淀区紫竹院南路 17 号　邮编：100048 |
| 网　　址： | http://www.emph.cn　电子信箱：pingyaohouchunxia@163.com |
| 电　　话： | 编辑部 18501123296　发行部（010）68701816 |
| 印　　刷： | 北京虎彩文化传播有限公司 |
| 版　　次： | 2022 年 10 月第 1 版 |
| 印　　次： | 2022 年 10 月第 1 次印刷 |
| 开　　本： | 710 mm×1000 mm　1/16 |
| 印　　张： | 15.25 印张 |
| 字　　数： | 150 千字 |
| 定　　价： | 78.00 元 |

版权所有　翻印必究・印装有误　负责调换

# 前言

　　以公有制为主体、多种所有制经济共同发展的基本经济制度，是中国特色社会主义制度的重要支柱，也是社会主义市场经济体制的根基。公有制的主体地位主要体现为国有经济控制国民经济命脉并对经济发展起主导作用，坚持和完善社会主义基本经济制度的关键就在于坚持国有经济的主导作用。2015年11月23日，习近平总书记在主持中共中央政治局第二十八次集体学习时指出："公有制主体地位不能动摇，国有经济主导作用不能动摇，这是保证我国各族人民共享发展成果的制度性保证，也是巩固党的执政地位、坚持我国社会主义制度的重要保证。"国有企业作为国有经济发挥主导作用的主要载体，在保障中国特色社会主义制度、促进经济社会发展、维护广大人民根本利益等方面始终发挥重要作用。2016年7月4日，习近平总书记在全国国有企业改革座谈会上做出重要指示，强调"国有企业是壮大国家综合实力、保障人民共同利益的重要力量，必须理直气壮做强做优做大"。2016年10月10日，习近平总书记在全国国有企业党的建设工作会议上进一步提出，要"使国有企业成为党和国家最可信赖的依靠力量，成为坚决贯彻执行党中央决策部署的重要力量,成为贯彻新发展理念、全面深化改革的重要力量,成为实施'走出去'战略、'一带一路'建设等重大战略的重要力量,成为壮大综合国力、促进经济社会发展、保障和改善民生的重要力量,成为我们党赢得具有许多新的历史特点的伟大斗争胜利的重要力量"。2017年10月18日,习近平总书记在党的十九大报告中再次强调:"深化国有企业改革,发展混合所有制经济,培育具有全球竞争力的世界一流企业。"

当前理论界关于国有企业功能定位及改革思路问题仍然存在一定争论,反映出理论界存在对我国国有企业功能定位模糊不清的问题。可以说,国有企业功能定位是理论界关于国有企业及其改革争论背后的焦点问题,更是全面深化国有企业改革的逻辑前提和基本理论命题,关系到新的历史条件下"建设什么样的国有企业、怎样建设国有企业"这一重大理论和实践问题。因此,在马克思主义理论指导下,研究如何准确定位我国国有企业的功能,并且围绕国有企业功能定位探索国有企业全面深化改革的基本思路,具有重要理论价值和现实意义。即不仅有利于正确认识和评价我国国有企业的地位和作用,纠正关于国有企业的种种错误认识,也有利于为国有企业改革坚持正确方向、进行顶层设计提供必要的理论支撑,同时有利于丰富和发展中国特色社会主义国有企业及其改革理论,坚持和完善社会主义基本经济制度。

为此,本书从马克思主义基本理论出发,坚持运用马克思主义基本立场、观点和方法,对我国国有企业功能定位进行具体的、历史的、辩证的分析。本书从理论和实践两个维度，基于纵向历史演变与横向国际比较的双重视角，对国有企业功能定位进行立体化、系统化研究。同时，研究提出准确界定我国国有企业功能的新框架、新思路，并在此基础上探索以功能定位为核心推进国有企业全面深化改革的基本思路。

通过研究得出以下基本结论：第一，我国国有企业功能定位经历了一个动态的历史演变过程。要坚持历史唯物主义的基本视角和分析方法，辩证认识、评价我国国有企业的地位和作用。第二，虽然国有企业是中西方都采用的企业形式，但我国与西方资本主义国家对国有企业的功能定位具有明显差异。要基于不同社会制度性质的比较，同时着眼于本国经济社会发展的实际情况，科学认识国有企业的功能定位。第三，基于纵向历史演变与横向国际比较的双重视角分析，我国国有企业的功能定位主要体现为制度支撑、经济主导、民主保障三个层面。从制度支撑层面看，我国国有企业为社会主义公有制经济提供制度支撑；从经济主导层面看，国有企业在我国社会主义经济社会发展中发挥主导作用；从民主保障层面看，国有企业是实现人民民主的重要保障。第四，全面深化国有企业改革应坚持以功能定位为核心的基本理念，围绕"如何强化国有企业功能"来展开。可以从国有企业分类改革、混合所有制改革、国有资本管控等方面入手，全面深化国有企业改革，从而强化国有企业功能。

# 目录

**第一章 绪论** ............................................................. 1

 第一节 问题提出 ................................................... 3

  一、国有企业功能定位是理论界关于国有企业争论背后的

   焦点问题 ........................................................ 3

  二、准确定位国有企业功能是正确认识和评价我国国有

   企业地位和作用的基本前提 ............................. 4

  三、加强对国有企业功能定位及改革思路的研究是全面

   深化国有企业改革的现实需要 ......................... 5

 第二节 研究意义 ................................................... 6

  一、有利于正确认识和评价国有企业的地位和作用，

   纠正关于国有企业的种种错误认识 ..................... 6

  二、有利于为国有企业改革坚持正确方向、进行顶层设计

   提供必要的理论支撑 ....................................... 7

  三、有利于丰富和发展中国特色社会主义国有企业及其

   改革理论，坚持和完善社会主义基本经济制度 ............ 8

第三节　国内外关于国有企业功能定位与改革的研究现状
　　　　及述评 …………………………………………………… 9
　一、国内关于国有企业功能定位与改革的研究现状 ………… 9
　　（一）我国国有企业研究领域科学知识图谱可视化分析 ……… 9
　　（二）国内学者关于国有企业功能定位与改革思路的主要观点 …… 33
　二、国外关于国有企业功能定位的研究现状 ………………… 41
　　（一）自由市场理论 ……………………………………… 42
　　（二）国家干预理论 ……………………………………… 44
　三、国内外国有企业功能定位研究评析 ……………………… 51
　　（一）国内国有企业功能定位研究评析 ………………… 51
　　（二）国外国有企业功能定位研究评析 ………………… 53

第四节　研究设计 ……………………………………………… 54
　一、研究思路与内容 …………………………………………… 54
　二、研究逻辑与框架 …………………………………………… 57
　三、研究方法 …………………………………………………… 58


第二章　理论之基：中国化马克思主义关于
　　　　国有企业功能定位的理论阐述 ……………………… 61
　第一节　中华人民共和国成立初期关于国有企业功能定位的
　　　　论述 …………………………………………………… 63
　第二节　改革开放初期关于国有企业功能定位的论述 ……… 66

第三节　社会主义市场经济体制建立初期关于国有企业
　　　　功能定位的论述 ·············································· 68
第四节　21世纪初期关于国有企业功能定位的论述 ··········· 72
第五节　党的十八大以来关于国有企业功能定位的论述 ······ 75

## 第三章　历史之鉴：我国国有企业功能定位的
　　　　历史演变及特点 ·················································· 79
第一节　我国国有企业功能定位历史演变的两个阶段 ········· 81
　一、改革开放前我国国有企业功能定位 ························· 81
　　（一）从性质上看，国有企业是执行国家计划的生产单位 ············ 82
　　（二）从功能上看，国有企业为巩固和发展社会主义提供了物质基础
　　　　　和制度支撑 ···················································· 86
　二、改革开放以来我国国有企业改革阶段及其功能定位 ··· 88
　　（一）以放权让利为主要特征的改革阶段（1978—1992年）·········· 89
　　（二）以建立现代企业制度为主要特征的改革阶段
　　　　　（1993—2002年） ············································ 92
　　（三）以战略调整为主要特征的改革阶段（2003—2012年）·········· 95
　　（四）以资本运营为主要特征的改革阶段（2013年以后）············ 98
第二节　我国国有企业功能定位历史演变的基本特点
　　　　及主要问题 ······················································ 101
　一、我国国有企业功能定位历史演变的基本特点 ············ 101

二、我国国有企业功能定位历史演变过程中存在的主要
　　问题 ································································· 104

## 第四章　他山之石：西方国有企业功能定位的理论与实践 ······ 109
第一节　西方学者关于国有企业功能的理论定位 ··········· 111
　一、国有企业是国家干预经济的有效手段 ················ 111
　二、国有企业是矫正市场失灵的政策工具 ················ 114
　三、国有企业是提供公共产品和公共服务时的被动选择 ····· 116
第二节　西方国家发挥国有企业功能的实践特点 ··········· 121
　一、通过国有企业实现对经济的必要干预 ················ 121
　二、国有企业是西方国家推行国有化和私有化的重要
　　工具 ································································· 124
　三、国有企业最终为资本主义经济体系服务 ············· 127
第三节　中西方国有企业功能定位的逻辑比较 ·············· 129
　一、理论逻辑比较 ··················································· 129
　二、制度逻辑比较 ··················································· 130
　三、实践逻辑比较 ··················································· 132

## 第五章　问题之核：我国国有企业功能的界定与表现 ············· 135
第一节　国有企业为社会主义公有制经济提供制度支撑 ······ 137
　一、国有企业是社会主义公有制的实现主体 ············· 138
　二、国有企业是国有资本的运营主体 ······················· 142

三、国有企业通过发展混合所有制统帅国民经济 …………… 145
第二节 国有企业在我国社会主义经济社会发展中
　　　　发挥主导作用 …………………………………………… 148
　一、国有企业是促进经济发展的主导力量 …………………… 148
　二、国有企业是调控经济的主要手段 ………………………… 152
　三、国有企业是社会责任的主要承担者 ……………………… 155
第三节 国有企业是实现人民民主的重要保障 ………………… 157
　一、国有企业具有全民所有的根本性质 ……………………… 157
　二、国有企业是保障人民共同利益的重要力量 ……………… 159
　三、国有企业是中国共产党治国理政的重要支柱 …………… 161

## 第六章　改革之路：以功能定位为核心深化国有企业改革的基本思路 …………………………………………………… 165

第一节 深化国有企业分类改革，强化国有企业功能 ………… 167
　一、国有企业科学分类是全面深化国有企业改革的基础
　　　和前提 …………………………………………………… 168
　二、当前国有企业分类的思路与问题 ………………………… 170
　三、以功能为核心推进国有企业分类改革 …………………… 176
第二节 推进混合所有制改革，强化国有企业功能 …………… 178
　一、准确理解国有企业混合所有制改革的科学规定 ………… 179
　二、坚持生产力标准，推进国有企业混合所有制改革 ……… 184
第三节 加强国有资本管控，强化国有企业功能 ……………… 188

一、我国国有经济管理模式的转变过程及内在逻辑转换 …… 189

二、坚持和加强党的领导，深化国有企业改革 ………… 194

三、优化政府职能，加强国有资本管控 ………………… 196

四、控制国有资本投资方向，防止国有资产流失 ……… 200

**第七章 结论与展望**………………………………………… 203

 第一节 主要研究结论 ………………………………… 205

 第二节 进一步研究展望 ……………………………… 210

**参考文献** ………………………………………………… 213

# 第一章

## 绪 论

## 第一节　问题提出

**一、国有企业功能定位是理论界关于国有企业争论背后的焦点问题**

自从国有企业产生以来，伴随着国有企业的改革发展实践，围绕国有企业的争论从未间断。特别是2008年国际金融危机之后，理论界和舆论界围绕国有企业的争论愈演愈烈。党的十八届三中全会后，理论界对于"混合所有制"产生了不同理解，关于国有企业及其改革问题的研究再次被推向理论前沿。这些争论背后所反映的一个焦点问题实际上是国有企业的功能定位问题，即如何认识我国国有企业的性质、地位和作用的问题。这不仅涉及对国有企业的认识和评价，更关系到我国国有企业改革的方向和思路，是拨开国有企业争论"迷雾"、破解国有企业改革"难局"的基本前提。2013年，党的十八届三中全会通过《中共中央关于全面深化改革若干重大问题的决定》（以下简称《决定》），明确提出"准确界定不同国有企业功能"的重要论断。国有企业的功能定位问题第一次出现在党的全会文件中，标志着全面深化国有企业改革进入以功能定位为核心的改革新阶段。因此，坚持马克思主义基本观点、立场和方法，从我国国有企业改革发展的实际出发，加强对国有企业功能定位的深入研究，有助于客观全面地认识和评价国有企业，为国有企业改革发展提供必要的理论支撑。

## 二、准确定位国有企业功能是正确认识和评价我国国有企业地位和作用的基本前提

公有制为主体、多种所有制经济共同发展是我国社会主义初级阶段的基本经济制度。国有经济控制国民经济命脉，在我国经济社会发展中发挥主导作用是公有制主体地位的重要体现。国有企业作为社会主义性质的公有制企业，作为国民经济体系的重要组成部分，始终是国有经济的主体，在推动我国经济社会发展、保障和改善民生、开拓国际市场、增强我国综合实力等方面始终发挥着不可替代的作用。在推动我国经济保持中高速增长和迈向中高端水平、坚持和完善社会主义基本经济制度、实现中华民族伟大复兴中国梦的进程中，国有企业肩负着重大历史使命和责任。中华人民共和国成立初期，国有企业为迅速恢复和发展生产力、建立完整的民族工业体系、改善人民物质生活水平、巩固新生的社会主义政权奠定了坚实的物质基础和制度支撑。改革开放后，国有企业作为改革的"先行者"和"主力军"，引领改革开放潮流，促进社会主义市场经济体制不断完善。在中国特色社会主义市场经济条件下，尤其在经济全球化日益加深的今天，国有企业更是作为我国国民经济的主要代表参与国际竞争、维护国家经济安全，特别是面对国际金融危机的冲击，以中央企业为代表的国有企业依托社会主义国家的强大力量和高效调控，成功应对危机，保持我国经济社会和谐稳定发展。要正确认

识国有企业在我国社会主义经济社会发展中的重要地位和作用及其演变过程，需要我们加强对国有企业功能定位的深入研究，因为准确定位国有企业功能是正确认识和评价我国国有企业地位和作用的基本前提。

### 三、加强对国有企业功能定位及改革思路的研究是全面深化国有企业改革的现实需要

中国经济体制改革已经走过了四十多年，国有企业改革始终是我国经济体制改革的中心环节，可以说我国经济体制改革的历史就是一部国有企业的改革发展史。国有企业改革不仅关系到国有企业自身的发展方向，更关系到我国经济体制改革和中国特色社会主义建设的道路和命运。在我国经济发展步入新常态的背景下，经济体制改革是全面深化改革的重点，作为经济体制改革中心环节的国有企业改革更是当前我国全面深化改革的重中之重。2013年，《决定》将国有企业改革作为全面深化改革的重要领域和关键环节，从积极发展混合所有制经济、完善国有资产管理体制、完善现代企业制度等方面进行了战略部署。2015年8月，中共中央、国务院印发了《关于深化国有企业改革的指导意见》（以下简称《指导意见》）。《指导意见》作为新时期指导和推进我国国有企业改革的纲领性文件，从总体要求、分类改革、完善现代企业制度和国有资产管理体制等方面，对新时期深化国有企业改革进行了全面系统的顶层设计和具

体谋划。以《指导意见》为引领，国家又相继出台《关于国有企业发展混合所有制经济的意见》《关于改革和完善国有资产管理体制的若干意见》《关于加强和改进企业国有资产监督防止国有资产流失的意见》《关于国有企业功能界定与分类的指导意见》《关于推动中央企业结构调整与重组的指导意见》等一系列配套文件，逐渐形成了指导国有企业全面深化改革的"1+N"政策体系。在这样的背景下，加强对国有企业功能定位及改革思路的研究是全面深化国有企业改革的现实需要，也是理论工作者的重要任务和光荣使命。

## 第二节 研究意义

### 一、有利于正确认识和评价国有企业的地位和作用，纠正关于国有企业的种种错误认识

如何认识和评价国有企业的地位和作用是关乎国有企业未来改革发展方向和道路的基础理论问题。近年来，随着国有企业深化改革、战略调整，国有企业呈现出不断做强做优做大的发展势头。然而，国有企业改革也引起了理论界和舆论界的一些争论。这些争论的出现迫切要求我们对国有企业的地位和作用进行全方位的重新认识，并从理论上进行深入研究。不可否认，在国有企业深化改革的过程中，确实存在部分国有企业经济效率不高、个别国有企业领导

腐败等问题和现象，必须通过不断深化改革、加强监管来予以解决和消除。但是，认识国有企业的地位和作用时，不能仅从个别问题和表面现象出发，需要从历史的、比较的视角给予客观中肯的评价。因此，坚持马克思主义基本原理，运用马克思主义的立场、观点和方法，对国有企业的性质、地位和作用进行具体的、历史的、比较的分析，有利于为正确认识和评价国有企业的地位和作用提供必要的理论支撑，有利于纠正关于国有企业的种种错误认识，为国有企业深化改革扫清认识误区和理论障碍。

## 二、有利于为国有企业改革坚持正确方向、进行顶层设计提供必要的理论支撑

当前关于国有企业的诸多争论不仅反映出理论界对国有企业功能定位的不同认识，也体现了对国有企业改革方向、改革路径的不同主张。我国国有企业经历了四十多年的改革征程，在这个过程中取得了巨大成绩，但也暴露出一些深层次问题。例如，在改革方向和思路的选择上，出现了不顾我国具体国情和国有企业特殊性质，完全照搬西方国家国有企业改革发展模式的错误倾向。如何看待国有企业的功能定位，是国有企业改革发展的逻辑前提，是关系到国有企业改革方向和改革思路的基础理论问题。国有企业改革发展的核心议题实际上就是如何更好地发挥国有企业的功能。因此，本书通过对我国国有企业功能定位的理论依据、历史演变、国际比较进

行系统分析，从制度支撑、经济主导、民主保障三个层面立体化阐释我国国有企业的功能定位，有利于为国有企业改革坚持正确方向、进行顶层设计提供必要的理论支撑。

### 三、有利于丰富和发展中国特色社会主义国有企业及其改革理论，坚持和完善社会主义基本经济制度

公有制为主体、多种所有制经济共同发展的基本经济制度决定了公有制是我国社会主义经济制度的基础。国有经济控制我国国民经济命脉，在经济社会发展中发挥主导作用是公有制主体地位的重要体现。国有企业作为社会主义性质的公有制企业，是国有经济的重要组成部分，也是社会主义公有制的主要形式。因此，从理论层面深入研究国有企业的功能定位问题，在此基础上探讨全面深化国有企业改革的基本思路，从而更好地发挥国有经济的主导作用，不断做强做优做大国有企业，不仅是坚持和完善社会主义基本经济制度的内在需要，更是巩固和完善中国特色社会主义制度的必然要求。本书以我国国有企业功能定位作为研究的逻辑主线，尝试从国有企业分类改革、混合所有制改革、国有资本管控等角度思考和设计以功能定位为核心深化国有企业改革的基本思路。这对于丰富和发展中国特色社会主义国有企业及其改革理论、坚持和完善社会主义基本经济制度具有重要的理论和现实意义。

## 第三节 国内外关于国有企业功能定位与改革的研究现状及述评

### 一、国内关于国有企业功能定位与改革的研究现状

#### （一）我国国有企业研究领域科学知识图谱可视化分析

国有企业是中国特色社会主义的重要物质基础和政治基础，是党执政兴国的重要支柱和依靠力量，因此国有企业备受人们关注，是理论界研究的重要领域之一。一些学者对国有企业研究领域的焦点问题及进展进行了一定的综述性研究。例如：洪功翔围绕理论界对国有企业效率的高低、国有企业的效率损失、国有企业效率改善的来源、国有企业的宏观效率等问题的争论进行了梳理和评述[1]；郑红亮等对国有企业如何规范公司治理、国有资产管理体制改革、管理层收购、股权分置、混合所有制改革试验等问题进行了综述性研究[2]；邹俊和张芳对中国国有企业治理改革的理论变迁、实践特征以

---

[1] 洪功翔.国有企业效率研究：进展、论争与评述[J].政治经济学评论,2014(3)：180.

[2] 郑红亮,齐宇,刘汉民.中国公司治理与国有企业改革研究进展[J].湖南师范大学社会科学学报,2018(4)：74.

及近年来国有企业治理理论研究的新进展进行了回顾总结[①];等等。

　　国有企业改革发展实践的纵深推进，使得国有企业的理论研究进一步深化。改革开放以来，国内关于国有企业的研究取得了丰硕成果，关注的焦点、研究的热点以及理论的创新点等方面均呈现出一系列新特征和新趋势，因此亟须从文献计量学角度进行系统解读和深入分析，从而为今后国有企业改革发展理论研究和实践探索提供科学依据。CiteSpace是基于科学知识图谱进行可视分析的一款文献计量软件，近年来成为科学计量学普遍采用的新手段，在不同研究领域得到广泛应用和推广。本书以CNKI数据库1998—2019年国有企业研究领域的4791篇中文文献为研究对象，借助于可视化的文献计量软件CiteSpace，用科学知识图谱方式呈现了国内国有企业研究领域的高产作者、高产机构、关键词共现、共词聚类等，系统分析了国内国有企业领域研究的整体状况、前沿热点和发展趋势等内容。通过系统梳理和研究1998—2019年国内国有企业研究领域的文献，全面展现了这二十多年国内国有企业领域研究的整体状况和发展脉络，深刻总结了这二十多年国内国有企业改革发展的重点、难点和热点，从而为持续推进我国国有企业领域研究提供一定的科学参考，为全面深化我国国有企业改革提供一定的理论借鉴。

---

① 邹俊，张芳.建国70年来国有企业治理理论研究进展：文献回顾与改革展望[J].当代经济管理，2019（9）：10.

### 1. 数据来源

本书所使用的数据来自中文期刊全文数据库"中国知识基础设施工程"(以下简称 CNKI 数据)。2019 年 10 月 20 日,笔者以"国有企业"为篇名,以 CSSCI(含扩展板)为期刊来源类别,进行精确检索,最终检索到国有企业研究领域的文献共计 4978 篇,时间跨度为 1998—2019 年,剔除其中的论坛会议综述、论坛会议通知、编辑手记、卷首语、新书评介、人物专访、人物思想评述、征文启事、高层信息等无效文献 187 篇,最后获得有效分析样本文献 4791 篇。

### 2. 数据处理

本书采用的可视化的文献计量工具是美国德雷塞尔大学(Drexel University)陈超美基于 Java 平台开发的最新版本 CiteSpace 3.9.R9(64-bit)。CiteSpace 就是要把大量的文献数据转换成可视化图谱,让人们对知识的理解更直接,并能发现那些隐埋在大量数据中的规律和让人不易觉察的事物,即绘制科学知识图谱。[1] 而知识图谱就是以知识域为对象,显示科学知识的发展进程与结构关系的一种图形。[2]

CiteSpace 对输入的数据有具体的格式要求,因此,在运行数据前须对数据进行标准化处理,转换成 CiteSpace 默认的数据格式。在本研究中,我们采用由大连理工大学刘盛博博士开发研制的转换程

---

[1] 陈悦,陈超美,胡志刚,等.引文空间分析原理与应用:CiteSpace 实用指南[M].北京:科学出版社,2014:16.

[2] 陈悦,刘泽渊.悄然兴起的科学知识图谱[J].科学学研究,2005(2):149-154.

序。然后要对CiteSpace软件进行相应的设置，在CiteSpace界面将时间切片设为每年一个时段。接下来根据需要分析的内容选择可视化主题，由于本书主要分析国有企业研究领域的热点前沿问题、高产作者以及高产机构，因此分别选择"关键词""作者""机构"进行分析。将标准化处理后的4791条数据导入CiteSpace软件，按照以上阈值设置依次运行数据，分别进行关键词共现、共词聚类、高产作者和高产机构的可视化分析。

### 3. 研究方法

文献量化研究方法最早出现于20世纪初，1917年F.J.科尔和N.B.伊尔斯率先运用定量的方法统计1543—1860年有关比较解剖学的文献，并以国别分类。1923年E.W.休姆提出文献统计学的概念，1969年文献学家A.普里查德提出文献计量学，代替了文献统计学，并指出文献计量学的研究对象为所有的书刊资料。文献计量学是采用数学、统计学等计量方法分析研究文献的分布结构、变化趋势、数量关系等，进而探讨某一主题的研究结构、特征和规律的交叉科学，是情报学和文献学的重要学科分支和特殊研究方法，是与科学传播及基础理论关系密切的学术环节，已渐居核心地位。[①] 本书借助于文献计量工具CiteSpace，主要运用共词分析和聚类分析方法对国内国有企业领域的研究状况进行系统分析。

第一，共词分析。共词分析（Co-word Analysis）是一种常用的

---

[①] 邱均平.文献计量学[M].北京：科学技术文献出版社，1998：7.

共现分析方法，属于内容分析方法的一种。它的原理主要是对一组词两两统计它们在同一篇文献中出现的次数，以此为基础对这些词进行聚类分析，从而反映出这些词之间的亲疏关系，进而分析这些词所代表的学科和主题的结构变化。[①]共词分析方法在20世纪70年代中后期由法国文献计量学家最早提出，经过多年的发展，该方法已被广泛应用到许多领域，产生了大量的应用成果。20世纪90年代末，我国学者也开始采用共词分析方法进行文献研究。[②]通过共词分析，用词来表征文献的主要内容，然后通过分析共词关系和强度来揭示某一研究领域的热点和前沿问题，并分析预测其发展趋势。

第二，聚类分析。聚类分析（Cluster Analysis）是通过数据建模简化数据的一种方法，是进行数据挖掘的一种常用的可视化方法，目标是在相似的基础上收集数据来分类，即依据关键词及其之间的共现强度，把共现强度较大的一些关键词聚集在一起形成不同的聚类。传统的聚类分析方法有很多，主要包括系统聚类法、分解法、加入法、动态聚类法、有序样品聚类法、有重叠聚类法和模糊聚类法等，本书主要采用CiteSpace中的谱聚类方法进行聚类分析。

### 4. 总体分布

从图1-1所示的1998—2019年国内国有企业研究领域发文量年际变化来看（其中2019年发文量的统计截止时间为2019年10月

---

[①] 马费成，李纲，查先进. 信息资源管理[M]. 武汉：武汉大学出版社，2000：56.
[②] 崔雷. 专题文献高频主题词的共词聚类分析[J]. 情报理论与实践，1996（4）：50-52.

20日），1998年以来，国内国有企业研究领域发文量总体较多且相对比较稳定，年均217.8篇。其中，1998年发文量最多，达到635篇，到2002年间发文量下降幅度较大，之后总体平稳。从中可以看出，一直以来国内学者对国有企业领域保持较高的关注度，并且进行了持续深入的研究，取得了丰硕的研究成果。

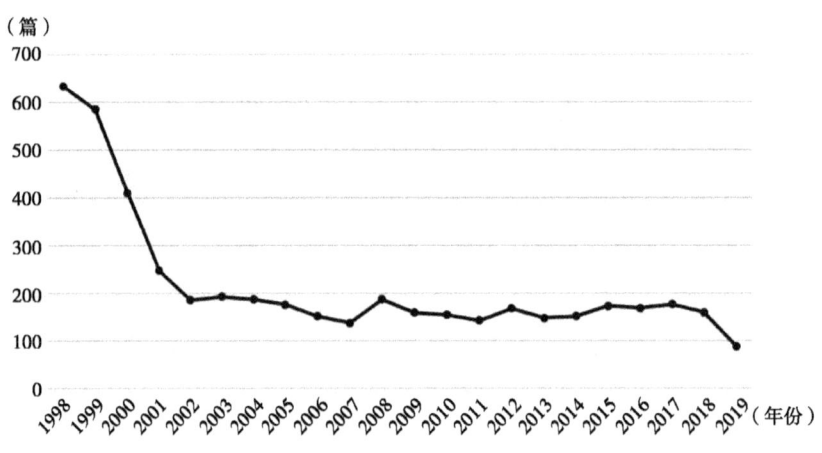

图1-1　1998—2019年国内国有企业研究领域发文量年际变化

### 5. 关键词共现知识图谱分析

关键词是表征文献内容的核心词汇，是对文献研究主题的高度凝炼与概括，是进行文献分析的一个主要方面。通过关键词知识图谱可以直观地看到某一领域的主要研究内容及变化趋势，从而更好地把握该领域的研究方向和主题。

将标准化处理后的数据导入CiteSpace，进行关键词共现分析，最后得到的关键词共现知识图谱如图1-2所示。图中的节点代表关键词，节点间的连线代表关键词之间存在共现关系。从图1-2可以发现，1998—2019年国内国有企业研究领域的关键词较为广泛，同时，关键词共现网络整体上较为紧密，说明这些关键词之间呈现较强的相关性，国有企业领域的研究基本围绕这些关键词展开。

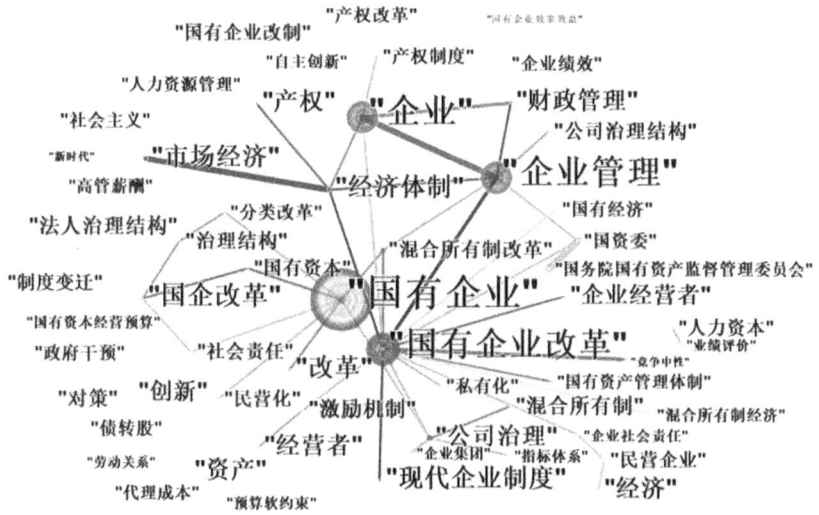

**图1-2　1998—2019年国内国有企业研究领域关键词共现知识图谱**

根据表1-1所示的1998—2019年国内国有企业研究领域关键词频次（前20），1998—2019年国内国有企业研究领域关键词频次居前10位的分别是"国有企业""企业管理""企业""国有企业改革""国企改革""市场经济""现代企业制度""经济体制""改革""经营者"。可以发现，我国学者在国有企业领域关注和研究的重点集中在国有企业改革与管理、市场经济、现代企业制度、经济体制改革等方面。

表 1-1　1998—2019 年国内国有企业研究领域关键词频次（前 20）

| 关键词 | 频次 | 关键词 | 频次 |
| --- | --- | --- | --- |
| 国有企业 | 1794 | 公司治理 | 99 |
| 企业管理 | 863 | 产权 | 96 |
| 企业 | 861 | 资产 | 96 |
| 国有企业改革 | 779 | 经济 | 96 |
| 国企改革 | 163 | 财政管理 | 94 |
| 市场经济 | 149 | 企业经营者 | 90 |
| 现代企业制度 | 147 | 创新 | 71 |
| 经济体制 | 136 | 激励机制 | 70 |
| 改革 | 129 | 混合所有制 | 66 |
| 经营者 | 107 | 法人治理结构 | 65 |

### 6. 共词聚类知识图谱分析

通过以上关键词共现分析，我们可以大致了解 1998—2019 年我国学者在国有企业领域关注和研究的重点，但是要进一步深入分析我国学者在国有企业领域研究的主要内容和方向，还需要进行共词聚类分析。

CiteSpace 提供了三种自动聚类算法：TF-IDF 加权算法（TF-IDF）、对数似然率算法（LLR）、互信息算法（MI）。我们选择 LLR 算法得到的共词聚类知识图谱如图 1-3 所示，共形成了 8 个聚类，CiteSpace 根据每个聚类所包含的关键词，对每个聚类进行了自动命名，以此来概括每个领域的主要内容和方向，分别是"基本经济制度""国有企业的地位""国有企业改革""国有企业""国进民退""外资并购""工业企业""国企改革"。每个聚类所包含的关键词经过合并后如表 1-2 所示。

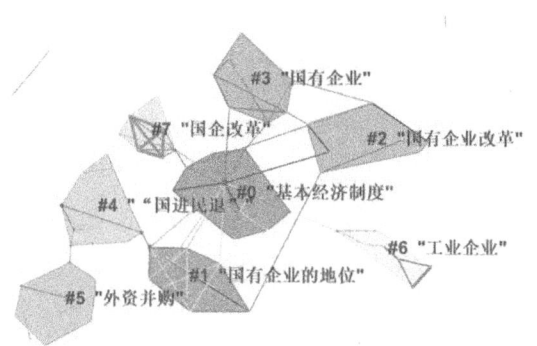

**图 1-3　1998—2019 年国内国有企业研究领域共词聚类知识图谱**

**表 1-2　1998—2019 年国内国有企业研究领域聚类信息汇总**

| 聚类号 | 聚类名称 | 聚类成员 |
| --- | --- | --- |
| 0 | 基本经济制度 | 基本经济制度　国有经济　反垄断　市场失灵　社会主义市场经济　思想政治工作　现代企业制度　社会主义性质　政治工作方式　政工队伍　老三会　政工人员　新三会　方针政策 |
| 1 | 国有企业的地位 | 国有企业的地位　垄断　效率　马克思　产权理论　产权改革　产权经济学　社会主义 |
| 2 | 国有企业改革 | 国有企业改革　深化改革　混合所有制改革　企业公司治理　养老保险制度　制度变迁　经济制度环境　行政利益 |

续表

| 聚类号 | 聚类名称 | 聚类成员 |
| --- | --- | --- |
| 3 | 国有企业 | 国有企业 改革 共同治理 财务治理模式 国有资产管理体制 转型深化期 |
| 4 | 国进民退 | 国进民退 金融危机 市场经济 国营企业 民营企业 国有企业 产业政策 收入分配 |
| 5 | 外资并购 | 外资并购 上市公司 股权性质 国有股权定价 调查 公司业绩 过度投资 投资不足 |
| 6 | 工业企业 | 工业企业 企业改革 全要素生产率 业绩评价 考评对标考核 战略管理考核 全员考核 EVA 业绩 |
| 7 | 国企改革 | 国企改革 户籍改革 土地问题 银行业竞争 价格管制 劳动力市场 二元分割 新型城镇化 中国劳动力市场 土地使用权 资源税 价格市场化 城市劳动力 土地产权 |

如表1-2所示，CiteSpace根据对数似然率算法（LLR）自动提取权重最高的一个关键词并以此对聚类进行命名，得到8个聚类名称，通过分析每个聚类所包含的关键词，可以进一步了解每个聚类所代表的研究内容和方向。对表1-2的信息进行合并分析，可以发现，我国学者在国有企业领域研究的主要内容和方向大致可以概括为以下七个方面。

第一，与社会主义基本经济制度相关的国有经济、社会主义市场经济、现代企业制度、思想政治工作等问题。国有企业是我国国民经济的重要支柱，是中国特色社会主义的重要物质基础和政治基础，也是我们党执政兴国的重要支柱和依靠力量。学者围绕与社会主义制度相关的国有企业问题进行了深入研究。戚聿东和肖旭分析了我国国有企业改革与发展在制度建设方面取得的成绩、基本经验、当前存在的问题以及推进国有企业制度建设的六个方面措施。[①] 周新城从理论上分析了国有企业之所以是中国特色社会主义经济"顶梁柱"的原因。[②] 于国辉从国际比较的视角分析了中国国有企业的制度优势。[③] 罗虎从激励约束机制和业绩评价制度的角度阐述了中国特色的现代国有企业管理制度。[④] 卫兴华基于发展和完善中国特色社会主义的角度论证了为什么必须搞好国有企业、怎样搞好国有企业。[⑤] 张广印认为国有企业思想政治工作应该注重人文关怀和心理疏导。[⑥] 孙玉萍分析了国有企业思想政治工作的任务、挑战与对策。[⑦] 钱津从制

---

[①] 戚聿东，肖旭.新中国70年国有企业制度建设的历史进程、基本经验与未竟使命[J].经济与管理研究，2019，40（10）：3.

[②] 周新城.国有企业是中国特色社会主义经济的"顶梁柱"：兼驳各种抹黑国有企业的错误言论[J].山东社会科学，2018（6）：5.

[③] 于国辉.从国际比较的视角看中国国有企业的制度优势[J].马克思主义研究，2017（11）：58.

[④] 罗虎.论中国特色的现代国有企业管理制度：激励约束机制和业绩评价制度[J].福建论坛（人文社会科学版），2016（1）：191.

[⑤] 卫兴华.发展和完善中国特色社会主义必须搞好国有企业[J].毛泽东邓小平理论研究，2015（3）：1.

[⑥] 张广印.国有企业思想政治工作如何注重人文关怀和心理疏导[J].求实，2014（S1）：200.

[⑦] 孙玉萍.国有企业思想政治工作：任务、挑战与对策[J].理论探索，2011（5）：63.

度层面论述了国有企业在社会主义建设中的重要地位与作用。[1]

第二,与国有企业地位和作用相关的国有企业效率、产权等问题。国有企业地位和作用问题也是国内学者关注和研究的重要方面,大部分学者认为国有企业是国民经济和社会发展的重要基础和支柱,要不断巩固国有企业的主导地位和作用。如胡鞍钢等认为,国有企业不仅是国家意志、国家目标和国家实力的重要载体,更是保障国家财政能力的重要基础。[2]卫兴华从制度层面论述了国有经济的重要地位和作用。[3]宗寒认为,国有企业作为中国特色社会主义的重要支柱,在国民经济中占主导、支柱、基础和控制地位,决定社会制度的性质,同时主导、影响和决定中国特色社会主义的发展。[4]顾钰民指出,国有企业参与市场竞争,并起着主导作用,是社会主义市场经济运行的重要主体。[5]

第三,与国有企业改革相关的混合所有制改革、企业治理、国有资产管理体制、制度变迁及制度环境等问题。自党的十八届三中全会

---

[1] 钱津.论国有企业在社会主义建设中的地位与作用[J].福建论坛(人文社会科学版),2007(1):21.

[2] 胡鞍钢,张新,高宇宁.国有企业:保障国家财政能力的重要基础[J].国家行政学院学报,2016(2):19.

[3] 卫兴华.坚持和完善中国特色社会主义经济制度[J].政治经济学评论,2012(1):66.

[4] 宗寒.没有国有经济发展壮大,就不能建设好中国特色社会主义[J].探索,2011(3):55.

[5] 顾钰民.科学把握公有制的主体地位和国有经济的主导作用[J].思想理论教育导刊,2008(11):79.

提出要积极发展混合所有制经济后，混合所有制改革成为国有企业改革的重点内容和发展方向，当前理论界围绕混合所有制改革、企业治理、国有资产管理体制等方面对国有企业改革问题进行了深入研究。贾可卿分析了混合所有制背景下的国有企业改革问题。[1]汤吉军和张智远研究了双重目标下国有企业发展混合所有制的问题。[2]徐传谌和翟绪权研究了国有企业分类视角下中国国有资产管理体制改革问题。[3]杨红英和童露分析了混合所有制改革下的国有企业公司治理问题。[4]黄速建阐述了我国混合所有制改革的基本情况及发展混合所有制经济的正当性，并提出了推进国有企业混合所有制改革的对策措施。[5]张卓元分析了中国国有企业改革三十年的重大进展、基本经验和攻坚展望。[6]

第四，与"国进民退"相关的金融危机、市场经济、国营企业、民营企业等问题。在国际金融危机的大背景下，学者围绕"国

---

[1] 贾可卿.混合所有制背景下的国有企业改革[J].吉林大学社会科学学报，2019，59（5）：80.

[2] 汤吉军，张智远.国有企业双重目标下发展混合所有制研究[J].经济体制改革，2018（5）：113-118.

[3] 徐传谌，翟绪权.国有企业分类视角下中国国有资产管理体制改革研究[J].理论学刊，2016（5）：46.

[4] 杨红英，童露.论混合所有制改革下的国有企业公司治理[J].宏观经济研究，2015（1）：42.

[5] 黄速建.中国国有企业混合所有制改革研究[J].经济管理，2014，36（7）：1.

[6] 张卓元.中国国有企业改革三十年：重大进展、基本经验和攻坚展望[J].经济与管理研究，2008（10）：5.

进民退"还是"国退民进"、国有企业与民营企业的关系、产业政策等进行了讨论。杨瑞龙提出应构建与社会主义市场经济体制相适应的"国民共进"的微观结构。① 王欣研究了中国经济转型时期国有企业与民营企业的战略关系。② 陆正飞等从企业过度负债的角度检验了企业产权性质与过度负债之间的关系。③ 周新成强调基本经济制度是讨论"国进民退""国退民进"的依据,要毫不动摇地坚持公有制为主体、多种所有制经济共同发展。④ 刘建华等从"国进民退""民进国退"的争论出发,对我国国有企业性质进行了重新审视。⑤ 李政对"国进民退"之争进行了回顾与澄清,认为国有经济功能决定国有企业必须有"进"有"退"。⑥

第五,与外资并购相关的股权性质、国有股权、定价、投资等问题。我国国有企业尤其是大型中央企业是参与国际竞争的重要力

---

① 杨瑞龙.国有企业改革逻辑与实践的演变及反思[J].中国人民大学学报,2018,32(5):44.

② 王欣.中国经济转型时期国有企业与民营企业战略关系研究[J].理论月刊,2017(11):166.

③ 陆正飞,何捷,窦欢.谁更过度负债:国有还是非国有企业?[J].经济研究,2015,50(12):54.

④ 周新成.毫不动摇地坚持公有制为主体、多种所有制经济共同发展:兼评"国进民退"、"国退民进"的争论[J].当代经济研究,2010(4):29.

⑤ 刘建华,付宇,周璐瑶,等.我国国有企业性质的重新审视:由"国进民退"或"民进国退"引发的思考[J].经济学家,2011(12):57.

⑥ 李政."国进民退"之争的回顾与澄清:国有经济功能决定国有企业必须有"进"有"退"[J].社会科学辑刊,2010(5):98.

量，因此，与外资并购相关的股权、定价、投资等问题也是学者关注的重要领域。吴先明和张玉梅通过实证方法检验了海外并购与国有企业价值之间存在的关系。[1]刘建丽研究了国有企业海外投资监管的目标与制度设计问题，并提出了一个整体性的监管制度体系。[2]黄群慧等通过构建数学模型研究了国有企业并购中的"自大效应"。[3]姚海鑫和刘志杰研究了国有企业在外资并购中股权定价的财务影响因素、定价模式等问题。[4]尤玉平对国有企业外资并购中的技术知识产权估价战略风险进行了分析。[5]陈业宏和夏芸芸[6]、袁翔珠[7]、黄百成[8]等从不同视角研究了外资并购国有企业的法律规制与对策。

---

[1] 吴先明，张玉梅.国有企业的海外并购是否创造了价值：基于PSM和DID方法的实证检验[J].世界经济研究，2019（5）：80.

[2] 刘建丽.国有企业海外投资监管的目标与制度设计[J].经济体制改革，2017（6）：111.

[3] 黄群慧，孙亮，张娟.国有企业并购中"自大效应"的量化研究[J].经济与管理研究，2015，36（6）：104.

[4] 姚海鑫，刘志杰.外资并购国有企业股权定价财务影响因素的实证分析[J].中国软科学，2009（10）：133.

[5] 尤玉平.国有企业外资并购中的技术知识产权估价战略风险[J].经济体制改革，2007（6）：69.

[6] 陈业宏，夏芸芸.论我国管制外资并购国有企业存在的法律问题：兼谈美国外资并购管制法制经验[J].上海财经大学学报，2006（6）：26.

[7] 袁翔珠.外资并购国有企业的法律规制[J].企业管理，2001（11）：89.

[8] 黄百成.论外资并购国有企业的对策与立法[J].湖北大学学报（哲学社会科学版），2000（5）：8.

第六，与工业企业相关的国有企业全要素生产率、业绩评价与考核等问题。效率、绩效等是国有企业改革发展的重要指标和参照，因此，相关研究成果也比较丰富，尤其是全要素生产率是近年来学者研究和关注的一个重要方面。谢作渺等分析了国有企业高管马克思主义信仰对企业绩效的影响，通过调查验证了马克思主义信仰通过企业家精神和企业文化的完全中介作用而影响企业绩效。[①] 张训常等采用2004—2016年地方国有上市公司的样本数据进行了回归分析，实证结果表明，地方国有企业被异地国资委控股能够显著提高其经营绩效。[②] 企业绩效评价课题研究组等探讨了国有企业绩效评价的模型。[③] 申志东论述了层次分析法在构建国企绩效评价体系中的比较优势，并对如何运用层次分析法构建国有企业绩效评价体系进行了全面的分析。[④]

第七，与国企改革相关的新型城镇化、土地和劳动力等问题。学者对于这方面的关注和研究成果相对较少，主要包含在国有企业改革问题和对策的研究中。于少东研究了国有企业参与新型城镇化

---

[①] 谢作渺，杨惠婷，王建文.国有企业高管马克思主义信仰对企业绩效的影响[J].经济与管理研究，2019，40（9）：135.

[②] 张训常，刘晔，苏巧玲.政资分开对国有企业绩效的影响：基于异地国资委控股的视角[J].财政研究，2019（8）：72.

[③] 企业绩效评价课题研究组，王济民，赵奇.国有企业绩效评价的模型探讨[J].财务与会计，2016（12）：24.

[④] 申志东.运用层次分析法构建国有企业绩效评价体系[J].审计研究，2013（2）：106-112.

建设过程中存在的主要问题，并提出了相应的对策。[①]赵文哲和杨继东基于地方政府与国有企业互利的视角，重点分析了地方政府财政缺口与土地出让方式。[②]林放等认为变现国有企业部分经营性资产，可以搞活国有资产，缓解城镇化建设资金困难，并有助于增强我国政府的宏观调控能力。[③]郭琦基于河南省部分国有企业的经验，研究了市场机制与划拨土地使用权制度的变革。[④]丁红岩和许丕盛[⑤]、陈刚[⑥]、姚黎明[⑦]等重点研究了国有企业改制中土地资产的处置和评估等问题。

### 7. 高产作者及共现知识图谱分析

CiteSpace通过由节点、连线等要素组成的图谱来表现文献量、合作强度、被引和共现情况。节点越大表明出现的次数越多，即发文量越大，该作者或机构在这一领域的活跃度越高；节点间连线的

---

[①] 于少东.国有企业参与新型城镇化建设的问题与对策研究[J].中国社会科学院研究生院学报，2015（1）：70.

[②] 赵文哲，杨继东.地方政府财政缺口与土地出让方式：基于地方政府与国有企业互利行为的解释[J].管理世界，2015（4）：11.

[③] 林放，秦尊文，叶学平，等.新型城镇化建设与国有企业资产变现：兼谈建立宏观调控的第三手段[J].湖北社会科学，2013（11）：80.

[④] 郭琦.市场机制与划拨土地使用权制度变革：关于河南省部分国有企业的经验研究[J].郑州大学学报（哲学社会科学版），2013，46（2）：63.

[⑤] 丁红岩，许丕盛.国有企业改制中土地评估问题[J].国有资产管理，2001（2）：50.

[⑥] 陈刚.国有企业改制中土地资产处置的初步研究[J].经济地理，2004（6）：847.

[⑦] 姚黎明.国有企业改制中土地资产处置[J].统计与决策，2005（13）：128.

粗细程度代表合作次数，合作次数越多，连线越粗。同时 CiteSpace 还借助中介中心性、突现率指标来衡量节点的重要性，并用紫色圈来定位关键节点，利用平均轮廓值判断聚类效果。

图 1-4 显示了 1998—2019 年国内国有企业研究领域的高产作者及作者合作情况。发文量较多的作者、发文量及其研究方向如表 1-3 所示。

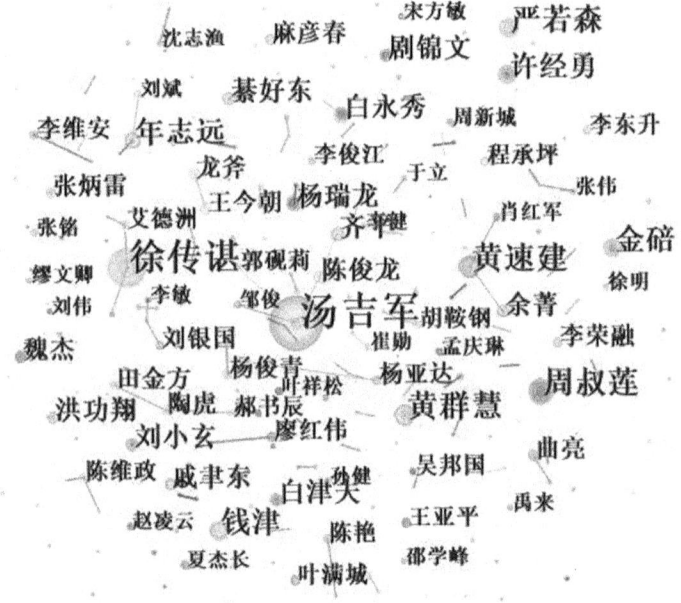

图 1-4　1998—2019 年国内国有企业研究领域高产作者及共现知识图谱

表 1-3　1998—2019 年国内国有企业研究领域高产作者、
发文量及研究方向（前 12）

| 作者 | 发文量 | 国有企业领域研究方向 |
|---|---|---|
| 汤吉军 | 31 | 国有企业治理与重组　国有企业改革　混合所有制改革 |
| 徐传谌 | 24 | 国有企业社会责任　国有企业改革与治理　国有企业创新与效率 |
| 周叔莲 | 15 | 国有企业改革经验与对策　国有企业制度创新与战略调整 |
| 黄群慧 | 15 | 国有企业改革进程与趋势　国有企业战略调整与分类改革　国有企业管理与效率 |
| 黄速建 | 14 | 国有企业改革与治理　混合所有制改革　国有企业改革经验与逻辑 |
| 严若森 | 13 | 国有企业改革与重构 |
| 金　碚 | 12 | 国有企业改革与治理　国有企业性质与地位 |
| 年志远 | 12 | 国有企业用工制度　国有企业所有权 |
| 白永秀 | 12 | 国有企业股份制　国有企业改制　国有企业亏损 |
| 钱　津 | 12 | 国有企业改革理论　国有企业地位与作用 |
| 许经勇 | 11 | 国有企业改革思路与对策　国有企业资产负债结构 |
| 杨瑞龙 | 10 | 国有企业分类改革　国有企业改革逻辑与实践 |

如图 1-4、表 1-3 所示，1998—2019 年我国国有企业研究领域发文量最多的学者是吉林大学的汤吉军（31 篇），其在国有企业领

域的研究方向主要是国有企业治理与重组、国有企业改革、混合所有制改革等。其次是吉林大学的徐传谌（24篇），其在国有企业领域的研究方向主要是国有企业社会责任、国有企业改革与治理、国有企业创新与效率等。此外，1998—2019年我国国有企业研究领域发文量较多的学者还有周叔莲（15篇）、黄群慧（15篇）、黄速建（14篇）、严若森（13篇）等。

**8. 高产机构及共现知识图谱分析**

图1-5显示了1998—2019年国内国有企业研究领域的高产机构及合作情况。汇总统计后，发文量较多的机构及发文量如表1-4所示。

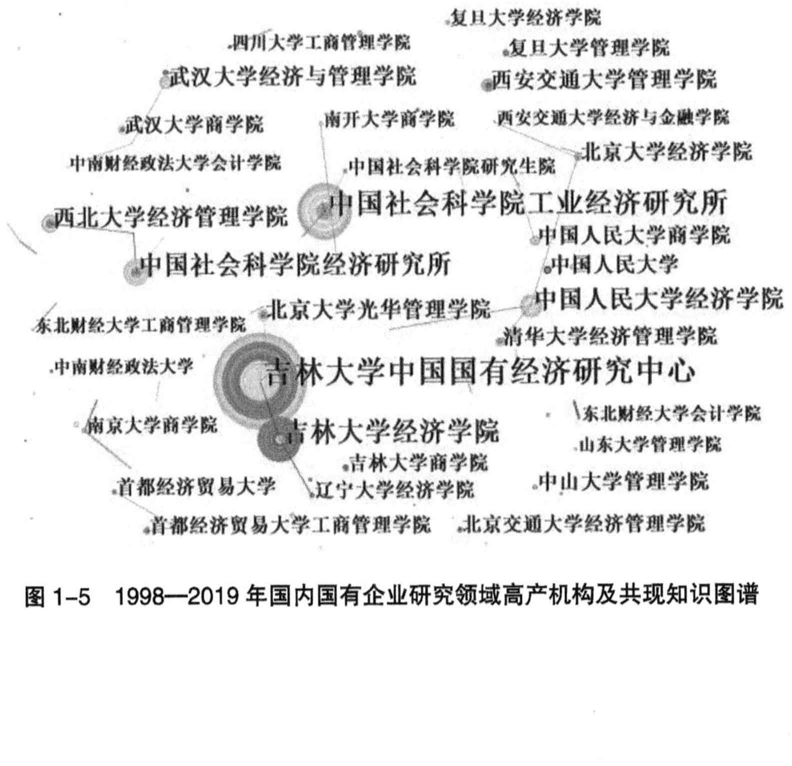

图1-5　1998—2019年国内国有企业研究领域高产机构及共现知识图谱

表1-4 1998—2019年国内国有企业研究领域高产机构及发文量（前14）

| 机构 | 发文量 |
| --- | --- |
| 吉林大学 | 259 |
| 中国社会科学院 | 209 |
| 中国人民大学 | 148 |
| 武汉大学 | 80 |
| 东北财经大学 | 72 |
| 北京大学 | 68 |
| 复旦大学 | 59 |
| 上海财经大学 | 58 |
| 南开大学 | 57 |
| 西安交通大学 | 49 |
| 首都经济贸易大学 | 46 |
| 中山大学 | 41 |
| 南京大学 | 41 |
| 西北大学 | 40 |

通过分析图1-5、表1-4可以发现，1998—2019年我国国有企业研究领域发文量最多的机构是吉林大学（259篇）。该单位早在1999年就组建了中国国有经济研究中心，该中心是经教育部批准的人文社会科学重点研究基地，依托吉林大学经济学院，由原吉林大学经济研究所、国有企业改革研究所重组而成，关梦觉、张维达、池元吉等老一辈学者为中心的建立和发展奠定了良好的基础。经过

多年的积累与发展，该中心荟萃了汤吉军、徐传谌、年志远等一大批国有经济领域的研究人员，成为当前中国国有经济研究的重地。发文量次多的机构是中国社会科学院（209篇），文献主要出自其工业经济研究所和经济研究所。排在第三位的是中国人民大学（148篇），文献主要出自其经济学院和商学院。其他发文量较多的科研机构主要是武汉大学（80篇）、东北财经大学（72篇）、北京大学（68篇）、复旦大学（59篇）、上海财经大学（58篇）、南开大学（57篇）、西安交通大学（49篇）等。整体来看，高校是国有企业领域的主要研究机构，同时，高产机构与高产作者直接相关，具有很强的一致性。

### 9. 结语

本书借助于可视化的文献计量软件 CiteSpace，将定性研究与定量研究相结合，运用共词分析和聚类分析方法，分析 CNKI 数据库 1998—2019 年国内国有企业领域研究的整体状况、热点问题和发展趋势，用科学知识图谱方式呈现并分析我国国有企业研究领域的前沿问题、高产作者以及高产机构等。通过研究，我们可以得出以下基本结论。

第一，从总体研究状况来看，我国学者对国有企业领域一直保持较高的关注度，取得了丰硕的研究成果，论文发表量较多且相对比较稳定，年均 217.8 篇。可见，国有企业改革发展一直是我国学者关注和研究的热点问题之一，国有企业已经成为经济学、政治经济学、管理学、社会学、马克思主义等学科研究的重要领域。

第二，通过关键词共现图谱分析发现，"企业管理""国有企业改革""市场经济""现代企业制度""经济体制""改革""经营者"等是学者关注和研究的重点。具体来说，我国学者在国有企业领域关注和研究的重点内容主要集中在国有企业改革与管理、市场经济、现代企业制度、经济体制改革等方面，这些也是我国国有企业改革发展涉及的重点。可见，学者在国有企业领域的研究既关注理论体系的构建和创新，又十分注重国有企业改革发展过程中的重大实践问题。

第三，通过关键词聚类图谱分析发现，我国学者在国有企业领域研究的主要内容和方向大致可以概括为七个方面：①与社会主义基本经济制度相关的国有经济、社会主义市场经济、现代企业制度、思想政治工作等问题；②与国有企业地位和作用相关的国有企业效率、产权等问题；③与国有企业改革相关的混合所有制改革、企业治理、国有资产管理体制、制度变迁及制度环境等问题；④与"国进民退"相关的金融危机、市场经济、国营企业、民营企业等问题；⑤与外资并购相关的股权性质、国有股权、定价、投资等问题；⑥与工业企业相关的国有企业全要素生产率、业绩评价与考核等问题；⑦与国企改革相关的新型城镇化、土地和劳动力等问题。这七个方面显示了我国学者在国有企业领域关注和研究的具体方向和内容，既包括与国有企业相关的制度、体制、环境等宏观问题，又包括与国有企业相关的效率、业绩考核、企业治理等微观问题。可见，学者在国有企业领域的研究不仅涉及的内容广泛，而且研究的深入性和系统性较强，取得了丰富的研究成果。

第四，通过高产作者及共现知识图谱分析发现，我国国有企业研究领域的高产作者主要有汤吉军、徐传谌、周叔莲、黄群慧、黄速建、严若森等。其中，吉林大学的汤吉军发文量最多，其在国有企业领域的研究方向主要是国有企业治理与重组、国有企业改革、混合所有制改革等。其次是吉林大学的徐传谌，其在国有企业领域的研究方向主要是国有企业社会责任、国有企业改革与治理、国有企业创新与效率等。可见，以汤吉军、徐传谌等为主要代表的吉林大学是当前我国国有企业领域研究的重地，其对国有企业改革发展的理论和现实问题进行了长期关注和研究，并取得了丰硕成果。

第五，通过高产机构及共现知识图谱分析发现，我国国有企业研究领域的高产机构主要有吉林大学、中国社会科学院、中国人民大学、武汉大学、东北财经大学、北京大学、复旦大学、上海财经大学、南开大学、西安交通大学等。其中，发文量最多的是吉林大学，吉林大学设有中国国有经济研究中心，是当前中国国有经济研究的重地。整体来看，高校是国有企业领域的主要研究机构，同时，高产机构与高产作者直接相关，具有很强的一致性。

综上所述，国有企业领域一直是国内学者关注和研究的重点之一，在该领域已经取得了丰硕的研究成果。随着全面深化改革的持续推进，国有企业改革也不断深化并逐渐取得实效，因此，从发展趋势来看，未来几年对于国有企业的研究将持续升温。未来国有企业领域的研究应在构建理论体系的基础上深入探讨混合所有制改革与发展、国有资本投资与运营、国有企业治理与法人治理、国有企业创新与社会责任等问题。最后需要说明的是，本书虽然借助于可视化的文献分析软件和分析方法，从总体上更加直观、全面、科学地呈现了我国国有企业领域研究的总体情况和前沿热点，但由于数据检索、阈值设置不同等都可能对结果产生一定的影响，因此，在以后的研究中还需要改进和完善。

### （二）国内学者关于国有企业功能定位与改革思路的主要观点

#### 1. 关于国有企业性质的研究

国内学术界对国有企业性质问题的研究主要可以概括为以下四种观点。

第一，"公共部门论"。这种观点认为国有企业属于公共部门。学者们从经济学角度观察，从产权基础、动力与约束机制、决策方式、交易机制等方面对比了公共部门与私人部门之间的区别，从而得出国有企业应该归入公共部门的结论。"公共部门论"者对国有企业性质的研究实际上隐含了一个基本理论，即认为国有企业只能存在于公共部门，存在于非竞争领域，而非公共部门、竞争性领域的国有企业必须退出。显然这种认识与现实是不相符的，目前我国国有企业种类繁多，性质也有差异，将其全部归入公共部门显然有失偏颇。

第二，"非公共部门论"。这种观点将国有企业看作是一种有别于公共部门的非公共部门。"非公共部门论"者认为，国有企业是具有双重性的:作为"国有",则政府投资形成的国有产权决定了国有企业必须体现"企业特殊"的一面,即应有"公共性"的目标取向;作为"企业",就完全不同于公共部门,国有企业必须具有"企业一般"的特征,是面向市场的经济主体,应有"营利性"的目标取向。因此,国有企业与公共部门是有显著区别的:一是国有企业必须有自身的生产活动和买卖交易活动,而公共部门没有这些活动;二是国有企业的生产经营活动是要讲利润的,而公共部门则不追求利润;三是国有企业的运行机制应该说主要是市场机制,而公共部门则是非市场机制。据此,"非公共部门论"者认为在承认国有企业存在一定"公共性"的前提下,将其归入非公共部门是比较合理的。这种观点单单基于国有企业与公共部门有显著区别而把国有企业归入非公共部门,难免有些牵强,并且其也承认国有企业行政的二元化、目标取向的双重性,因此,本身也存在矛盾。

第三,"二元论"。这种观点认为市场经济中的国有企业具有二元性,即"国有"性与"企业"性。一方面,国有企业具有企业的一般性,即营利性。国有企业的营利性源于其作为企业所具有的本质属性。国有企业作为参与市场竞争的主体之一,主要通过日常生产、经营等一系列活动,并出售相应的产品和服务,从而实现企业利润。国有企业作为企业的这种性质同其是否"国有"无关。另一方面,国有企业具有不同于其他企业的特殊性,即社会性。国有企业的这种性质源于一定社会经济制度的赋予,从根本上说是源于市场经济本身发展的需要。市场自身存在一定的缺陷,仅靠市场自身的力量无法保证经济平稳健康发展。因此,客观上需要政府对经济运行进行干预。国有企业也就具有了一般企业营利功能以外的非营利的社会功能,这也是国有企业在世界范围内广泛存在的重要原因之一。

第四,"工具论"。这种观点认为国有企业的性质是政府干预、调控经济社会发展的工具和手段。中国社会科学院工业经济研究所的黄速建和余菁将国有企业看作政府对经济进行有效干预的一种重要手段和工具,政府代表公众利益通过国有企业这种工具和手段来解决市场存在的失效问题。作为制度安排,国有企业与企业补贴、产业政策、管制政策等政府有效干预经济的手段具有同质性。[1]持"工具论"的另一位代表性学者是杨卫东,他认为国有企业本身不具有任何性质,也不可能决定国家性质,而是国家性质决定国有企业性质,因为国有企业是国家投资建立和发展的,资本主义国家的国有企业具有资本主义性质,社会主义国家的国有企业则具有社会主义性质。因此,国有企业在政治上没有任何属性和意义,从本质上看,国有企业仅仅是国家干预、调控经济社会发展的一种工具。[2]

**2. 关于国有企业功能的研究**

国内学者对于国有企业功能的关注和研究由来已久,主要可以概括为以下三种观点。

---

[1] 黄速建,余菁.国有企业的性质、目标与社会责任[J].中国工业经济,2006(2):68.
[2] 杨卫东.国企工具论[M].武汉:武汉大学出版社,2012:57.

第一,"六功能论"。对国有企业功能有较深入研究的应首推我国著名经济学家董辅礽先生。1990年,他就提出从国有企业的功能出发对不同类型国有企业进行改革的观点。他指出改革开放以来对于我国国有企业的功能和定位,我们的认识仍然不清晰。他将国有企业的功能形象地比喻为"看门"和"捉老鼠",但国有企业到底应该发挥"看门"的基础性功能,还是"捉老鼠"的赚钱盈利功能,人们对此不是很清楚。在他看来,为国民经济"看门"是市场经济条件下国有企业的主要功能。国有企业"看门"的功能主要体现在六个方面。一是公益性功能。即为满足居民基本需要而提供公共产品和公共福利的功能。二是政策性功能。即为保证政府政策的顺利实施和政府调节经济提供物质基础的功能。三是维护国家和社会安全的功能。四是防止利用国有企业的自然垄断地位而损害消费者和用户利益的功能。五是加强基础设施建设从而促进国民经济协调健康发展的功能。六是促进科技和高新技术创新发展、提高国民经济整体素质以及优化产业结构的功能。[1]

在董辅礽先生看来,只有基于国有企业的功能定位,国有企业改革才不会陷入混乱与迷茫,并且据此最早在我国提出了按照国有企业的功能推进国有企业改革的思路。董辅礽先生从公益、政策、国家和社会安全、消费者权益、经济效益、科技等方面,比较全面

---

[1] 董辅礽.著名经济学家董辅礽提出按国企的功能改革国企[J].领导决策信息,1998(31):11.

地定位了国有企业的功能，但不够准确，缺乏系统论述，有些功能定位存在交叉与重叠。另外，在我国经济体制转轨过程中，国有企业规模太大，让它们全部去"看门"，似乎不太现实，也不够科学合理。

第二，"八功能论"。刘中桥在其著作《中西方国有企业发展比较》中对国有企业的特殊性质和功能也有专门论述。在他看来，国有企业是一种实现国家经济职能的特殊企业，国有企业的这种特殊性主要体现在三个方面。一是国有企业由国家经济职能派生，其功能由国家的经济职能决定，国有企业作为国家的一种生产经营性物质力量存在。二是国有企业作为现代企业的一种有效的经济组织形式，能有效实现国家对经济的干预和管理。三是国有企业既具有国家属性，又具有企业属性，是二者的统一体。

基于国有企业的特殊性质，刘中桥提出了国有企业在参与和调节社会再生产中发挥的八大功能。参与社会再生产方面的功能主要包括：对社会经济的基础支撑功能；对社会经济的先导开拓功能；对国民经济建设的加速推动功能；对国家综合经济实力的不断壮大功能。调节社会再生产方面的功能主要包括：对经济发展的协调平衡功能；对微观经营的引导扶助功能；对市场经济的修复弥补功能；对社会成员的公平保障功能。[1]

第三，"特殊功能论"。关于国有企业的功能，除以上两种比较

---

[1] 刘中桥.中西方国有企业发展比较[M].北京：经济科学出版社，2000：22.

有代表性的观点外，还有不少学者认为国有企业具有或者说应当具有特殊的功能，但是特殊功能的具体内涵有所差异。例如，曲卫彬指出，在社会主义市场经济条件下，国有企业具有一般企业所不具有的特殊功能，除了弥补市场固有缺陷、解决市场失灵等问题外，国有企业还承担加速国家工业化和现代化建设进程、促进区域经济协调发展、保障国家财政收入稳定增长、巩固社会主义制度经济基础等特殊功能。[1] 张连城则认为国有企业具有营利功能和社会功能，将其分别称为"企业"性与"国有"性，或营利性与社会性。营利功能是由企业所具有的经济人本能决定的，而社会功能则源于社会经济制度，并因国家或地区差异，以及经济、历史等条件的不同而有所区别。他提出我国国有企业在经济社会发展过程中所发挥的社会功能主要包括以下几个方面：服务宏观经济发展，实现资源优化配置的功能；促进技术进步和产业升级，为经济发展提供基础性服务的功能；促进地区经济平衡发展和合理布局的功能；控制国民经济命脉和重要领域，保障国家经济、政治和军事安全的功能；实现政府其他重要政策目标的功能；等等。[2] 李钢等基于市场配置与政府调控融合的视角，认为市场经济条件下我国国有企业的主要功能已经调整为解决第一类市场失灵，即国有企业在产业升级方面发挥带动

---

[1] 曲卫彬.国有企业的功能[J].财经问题研究，1997（8）：24-26.

[2] 张连城.论国有企业的性质、制度性矛盾与法人地位[J].首都经济贸易大学学报，2004（1）：11.

作用，以及促进社会公平与可持续发展。①

**3. 关于国有企业地位和作用的研究**

国有企业地位和作用问题也是国内学者关注和研究的重要方面。目前学术界对如何认识国有企业的地位和作用虽然存在不同的看法，但主流观点是支持和力挺国有企业，认为国有企业是国民经济和社会发展的重要基础和支柱，要不断巩固国有企业的主导地位和作用。顾钰民指出，国有企业参与市场竞争，并起着主导作用，是社会主义市场经济运行的重要主体。②刘国光认为，国有企业是中国特色社会主义共同理想的基石，并且从贯彻落实科学发展观、建设创新型国家、履行社会责任、弘扬民族精神、捍卫国家利益等方面论述了国有企业无可替代的基石作用。③宗寒认为，国有企业作为中国特色社会主义的重要支柱，在社会主义公有制以及整个社会主义生产关系和国民经济中占主导、支柱、基础和控制地位，决定社会制度的性质，同时主导、影响和决定中国特色社会主义的发展。④卫兴华从制度层面论述了国有经济的重要地位和作用。他指出，国有经济是

---

① 李钢，王茜，程都.市场经济条件下国有企业的功能定位：基于市场配置与政府调控融合的视角［J］.毛泽东邓小平理论研究，2016（9）：55.

② 顾钰民.科学把握公有制的主体地位和国有经济的主导作用［J］.思想理论教育导刊，2008（11）：79.

③ 刘国光.共同理想的基石：国有企业若干重大问题评论［M］.北京：经济科学出版社，2011：2-5.

④ 宗寒.没有国有经济发展壮大，就不能建设好中国特色社会主义［J］.探索，2011（3）：55-62.

社会主义经济制度的内在构成要素，社会主义国家通过国有企业这种手段对经济运行实施有效的宏观调控。同时指出，国有企业作为我国先进生产力的代表，不仅是我国国民经济发展的重要支柱，更是实现我国经济独立自主、保障国家经济安全以及应对国际竞争和突发事件的重要支柱。[1]胡鞍钢等认为，国有企业不仅是国家意志、国家目标和国家实力的重要载体，更是保障国家财政能力的重要基础，同时指出，国有企业未来将成为"新常态"下保障国家财政能力的"主力军"，拓展中国企业海外空间的"排头兵"，支持民营企业发展的"后援军"。[2]

**4. 关于国有企业改革思路的研究**

目前学术界的主流观点是从巩固国有企业的主导地位和作用出发，思考和设计国有企业改革的思路。例如，卫兴华认为，国有经济的兴衰成败关系着共产党的革命与建设事业和社会主义事业的兴衰成败，发展和完善中国特色社会主义必须搞好国有企业。搞好国有企业应做好三个方面：一是国有企业主管应以权谋公，而不是以权谋私，国有企业要有一套有效的监督制度；二是国有企业的发展成果要惠及全民，体现其全民所有制性质；三是国有企业职工应真正成为企业的主人，要重视生产资料和劳动力相结合的社会主义生

---

[1] 卫兴华.坚持和完善中国特色社会主义经济制度[J].政治经济学评论，2012(1)：66–79.

[2] 胡鞍钢，张新，高宇宁.国有企业：保障国家财政能力的重要基础[J].国家行政学院学报，2016(2)：19.

产方式。① 汤吉军从搞活国有经济，巩固和发展公有制经济，完善社会主义市场经济体制的视角提出了将国有企业治理创新、市场竞争和政府管制制度有机结合起来的"三位一体"改革模式。② 楚序平等在深入理解习近平总书记关于国有企业改革重要讲话的基础上，认为要牢牢把握国有企业做强做优做大的改革发展方向，并从巩固基本经济制度、保障人民共同利益、实现工业化和现代化以及提高我国国际竞争力等方面阐述了做强做优做大国有企业的重要意义。③

## 二、国外关于国有企业功能定位的研究现状

在国外尤其是西方资本主义国家，国有企业并非学者关注和研究的主要领域，因此，目前国外尚没有完整系统的国有企业及改革理论。西方学者对国有企业的研究通常是伴随着西方经济学界关于国家与社会、政府与市场关系的争论逐渐展开的。在长期的关注和研究过程中，逐渐划分并形成了关于国有企业功能定位的两种理论派系和学说，一种是自由市场理论，另一种是国家干预理论。西方学者对于国有企业功能定位的不同理解主要渗透在这两种理论中。

---

① 卫兴华.发展和完善中国特色社会主义必须搞好国有企业[J].毛泽东邓小平理论研究，2015（3）：1.
② 汤吉军.国有企业"三位一体"改革模式探析[J].江汉论坛，2015（8）：5-10.
③ 楚序平，周建军，周丽莎.牢牢把握国有企业做强做优做大的改革发展方向[J].红旗文稿，2016（20）：17-19.

## （一）自由市场理论

自由市场理论又分为古典自由主义和新自由主义两类。古典自由主义以亚当·斯密为主要代表人物，而新自由主义以哈耶克为主要代表人物，后来又发展为其他分支学派。总体来看，自由市场理论的基本观点是反对国家对经济的干预，尤其是通过建立和发展国有企业的方式对经济运行进行的干预。

### 1. "看不见的手"理论

亚当·斯密从人具有利己的本性出发，认为参与经济生活的每个个人都追求自己的最大利益，因而通过个人之间的自愿交易取得的成果也最大、最经济，进而认为自由市场秩序是最经济、最可取的经济秩序，从而确立了其自由市场学说。"看不见的手"理论是斯密自由市场学说的核心。1776年，他在《国富论》中提出了著名的"看不见的手"理论。在斯密看来，一个由私人生产者组成的社会，在市场的引导下，将能够在实现个人利益最大化的同时，实现整体社会福利的最大化。也就是说，市场可以自发实现最优结果，而政府只需扮演"守夜人"的角色，承担维护法制、保护国家的职能，通过维护一般的规则促进社会公平正义，不应对经济活动进行任何干预。因此，在这样的理论和信条下，作为政府工具的国有企业仅仅被限定在有限的领域和空间。

### 2. 自由市场定律（萨伊定律）

萨伊发展了斯密的自由市场学说，其代表性著作是《政治经济学概论》。他将自由市场的规律概括为"供给会创造出它自己的需求",从而提出自由市场定律（萨伊定律）。萨伊定律的基本观点是：生产创造需求，供求自然均衡。具体来说包括三个方面：第一，产品在其自身生产过程中会创造出自己的需求；第二，市场经济可以通过自身调节来防止出现普遍性生产过剩，经济领域或部门的供求失衡只是个别的、暂时的现象；第三，货币只是作为市场流通和交换的一种媒介，同时，商品的买卖过程不会中断。在萨伊看来，市场会自行决定各种需求的迫切程度，从而决定各种生产活动的顺序。根据萨伊定律，每种产品的生产和供应都有其相应的需求，社会的总需求始终等于总供给，生产持续过多的情况是不会出现的。萨伊据此反对国家对经济事务的干预，主张建立私有制条件下的自由市场发展秩序。

**3. 一般均衡理论**

循着斯密和萨伊供求自然均衡的理论和认识路径，瓦尔拉斯、杰文斯、门格尔、马歇尔等新古典经济学家在边际效用论的基础上，把市场可以自动实现均衡作为核心思想，后经阿罗、德布鲁等人形式化的逻辑论证，最终形成了"瓦尔拉斯—阿罗—德布鲁"均衡理论范式。一般均衡是市场自身的"均衡"，没有也看不见任何国有企业的"影子"，这也从另一个侧面反映出，反对通过国有企业干预市场，从而破坏市场均衡状态是一般均衡理论的基本要旨。一般均衡理论的核心观点是资本主义经济发展可以处于稳定的均衡状态。在一般均衡理论看来，在资本主义经济长期发展的过程中，消费者、企业家以及各种生产要素的所有者都可以达到各自的目的，实现最大利润和效用，从而整个社会可以长期保持稳定的均衡状态。

#### 4."扩展秩序"理论

哈耶克通过对理性建构主义、计划集权体制和社会主义制度的批判以及对"自生自发的合作扩展秩序"的阐述，形成了其"扩展秩序"理论。这一理论认为，私有制下自生自发形成的合作扩展秩序是经济发展的最好秩序，是人们追求自由和民主的必要条件。他强调了计划经济协调的困难和不可行性以及国家干预的弊端，因此，他反对中央计划和国家干预。他认为，事前的任何设计都是不可能的，因为设计者不可能知道这种向着无限未来开放的主体间相互作用的结果。哈耶克提出了"人类合作的扩展秩序"。他认为，社会经济生活自发形成一种协调和经济秩序或叫作"扩展秩序"，它比任何人为的设计更为有效。

作为新自由主义的主要代表人物，哈耶克是一个极端的自由主义者，过分崇拜自由市场，只强调自由市场的优点，对自由市场产生经济危机、过度竞争导致资源浪费和社会两极分化等缺陷避而不谈。同时，他忽视国家、集团组织等在社会发展中的积极意义和作用。历史和事实也一再证明，现代市场经济并非完全是"自生自发的合作扩展秩序"的结果，在现代市场经济的发展中，要克服其内在缺陷，越来越需要借助于国家和政府的力量。

### （二）国家干预理论

国家干预理论是基于国家干预思想形成的各种系统的理论体系和政策主张，以凯恩斯为主要代表人物。在国家干预理论看来，国有企业在经济和社会发展中仅仅是国家对经济进行必要干预的一种手段和工具，是对市场机制发挥作用的一种补充，主要发挥纠正市场失灵、弥补市场缺陷以及推行国家干预政策的功能。国家干预理论根据其具体观点的不同又可以分为以下几种。

**1. 李斯特的国家干预理论和贸易保护理论**

德国经济学家李斯特在其著作《政治经济学的国民体系》中提出并系统论述了国家干预理论。李斯特从强调落后国家的特殊国情、落后国家所处的较低的发展阶段以及落后国家的特殊利益的角度，提出必须对私人经济实行干预的主张。李斯特强调，当一国经济实力处于扩充并且正在向农业和制造业，或农业、制造业和商业并存的经济强国转变的关键时期，尤其需要借助于国家干预的力量，他甚至认为这一时期的国家干预应当是有意识、有目的的，从而使本国的经济发展"趋于人为的方向"。关于国家应当如何对经济实行干预，李斯特认为，对经济的一切领域实行干预并非明智之举，国家的干预或管制只能限于部分领域，即"关于国民个人知道得更清楚、更加擅长的那些事，国家并没有越俎代庖；相反地，它所做的是，即使个人有所了解、单靠他自己力量也无法进行的那些事"。李斯特还具体提到了国家需要做的事情，包括：借助于海军和航海法规保护本国的商船；修筑公路、铁路、桥梁、运河、防海堤等基础设施；制定专制法和各项有利于生产与消费的法规；为促进本国制造业成长，实行保护贸易；等等。总之，国家的使命是促进财富和生产力增长，使本国由野蛮转变为文明，由弱小演化为强大。另外，李斯特还提出了贸易保护理论，系统地阐述了保护幼稚工业的学说，主张国家干预经济活动，政府对国民经济活动进行部分限制，保证国家经济利益，从而保证个人的持久利益。

从某种意义上说，李斯特的贸易保护理论是其国家干预理论的延伸。李斯特的国家干预理论和贸易保护理论虽未直接催生出国有企业，但却为市场经济中国有企业的生存和发展奠定了理论基础。

### 2. 庞古的福利经济学

与李斯特不同，庞古着眼于国内，从福利经济学的角度出发，推导出国家干预的必要性。庞古认为，一切社会科学的主要目的都在于改善社会状况，增进国民福利。而国民福利取决于两个因素，一是国民净产品，二是国民净产品的配置。由于存在市场失灵，一些产业中的私人企业为了追求私利而影响了国民净产品的产出，此外，市场机制也难以解决国民净产品的优化配置问题，使得国民福利难以实现配置最优化。为此，国家干预就变得十分必要，国家干预有多种形式，而建立国有企业是其中重要的一种。

### 3. 凯恩斯的国家干预理论

以亚当·斯密为代表人物的古典自由主义理论长期统治西方主流经济学，直到1929—1933年资本主义经济大危机的爆发。这次经济危机告诉人们，自由市场存在难以克服的自身矛盾，必须加以干预，否则就难以避免危机。凯恩斯将这一矛盾解释为"有效需求不足"，在他看来，克服这一矛盾的有效方法就是加强政府对经济的干预。凯恩斯主义从此诞生，凯恩斯的国家干预理论逐渐形成。

凯恩斯关于国家干预经济的理论促进了国有企业的发展。凯恩斯认为，资本主义社会之所以会发生生产过剩，出现非充分就业，其关键在于社会的有效需求不足，即对于消费商品和投资商品的需求双重不足。消费需求不足和投资需求不足将产生大量的失业，形成生产过剩的经济危机，这是市场机制不可能自动调节的。而消除危机的最好办法就是政府干预经济，即政府扩大公共投资，增加社会总需求，刺激个人消费和企业投资，通过刺激需求来达到充分就业。政府的刺激手段有多种形式，既有财政政策、货币政策，也有国有企业政策。

凯恩斯没有直接提出发展国有企业，但国家干预和大量兴办公共工程的政策主张，为国有企业在市场经济条件下的存在和发展提供了理论和政策支撑。国家干预经济的政策是第二次世界大战后西方资本主义国家普遍采用的经济政策，许多欧洲国家就是主要依靠强有力的国有企业政策使经济走出了低谷，实现了工人的充分就业。凯恩斯的国家干预理论也逐渐成为政府干预经济的理论依据，同时也成为论证国有企业存在及其功能的直接理论依据。

**4. 汉森的混合经济理论**

在凯恩斯之后，新古典综合派的代表人物汉森、萨缪尔森、罗伯特、索洛、托宾等，以及新剑桥学派的代表人物罗宾逊、斯拉法、卡多尔、帕西内蒂等，都对国家干预理论的发展做出了贡献。比如，萨缪尔森以灯塔为例，提出了对有些部门实行国有化的必要性。汉森最早提出了混合经济的概念。他认为，19世纪末以后，大多数资本主义国家的经济开始逐渐变为私人经济和社会化经济并存的"公私混合经济"或者说"双重经济"。现代资本主义社会采取的是私人经济与政府经济并存的混合经济制度，即生产领域的"公私混合经济"（国有企业与私人企业并存）与收入和消费方面的"公私混合经济"（公共卫生、社会安全和福利开支与私人收入和消费并存）。汉森还系统论述了国家干预经济的必要性，他认为，国家的首要职责是保证充分就业，但仅靠私人自发的投资与消费是不够的，必须扩大公共投资来弥补私人支出的不足。"如果私人资本支出减低了，公共资本支出就开始设法提高。于是公共部分就能对私人部分发挥平衡作用。"[1]汉森认为国有企业的功能定位就是为政府调控经济服务，国有企业是公共资本的形态之一。这也为国有经济和国有企业的存在提供了理论依据。

### 5. 奥尔森和波兰尼的国家干预理论

曼库尔·奥尔森和卡尔·波兰尼从开放及其社会后果的角度提出了国家干预的观点和理论。奥尔森认为，在稳定的社会环境里，市场中的个体与公司的逐利行为会产生因私利而勾结共谋的"卡特尔"式的、组织严密的社会网络。社会运转如果缺少变革且愈加僵化，这样的网络组织就会变得更加强大，经济增长速度也会日趋缓慢。若这些特殊利益集团被战争或革命摧毁，社会将从中获得最大限度的发展。奥尔森进而得出了这样一个推论：随着时间的推移，

---

[1] 汉森. 经济政策与充分就业 [M]. 徐宗士, 译. 上海: 上海人民出版社, 1959: 22.

稳定的民主政体中将会集聚一批政治权力与日俱增的分配联盟，进而阻碍社会经济的发展。①奥尔森的理论是在20世纪80年代提出的，那时的中国正处于改革开放初期。中国四十多年改革和发展的实践证明，奥尔森的理论对中国社会改革发展过程中存在的矛盾和问题具有一定的解释力。

奥尔森强调特殊利益集团对社会经济发展的阻碍，而匈牙利政治经济学家波兰尼则向我们展示了国家在市场经济发展过程中应该充当的角色和发挥的作用。他认为市场经济和现代国家不应该被理解成截然分开的两个主题，而应视为一个浑然一体的人类发明，他称之为"市场社会"。在他看来，市场社会不是自然演进的结果，"放任自流"早在计划之中，它的原动力来自国家行为，所谓自由市场，正是在政治力量的"有形之手"操纵下的杰作。因此，竞争性的资本主义经济发展需要一个积极改造社会结构的强大的现代国家作为前提；同时，资本主义经济也需要强大的国家来缓解由它带来的严重的负面效应。在波兰尼眼中，抗拒经济动荡和市场萧条的社会需求会给国家带来压力，要求国家进行政治干预。随之而来的国家行动，至少会在名义上提供一些缓解市场经济压力和保护社会的作用。②

奥尔森和波兰尼的观点对当代中国具有很大的启示和意义。根

---

① Olson M.The rise and decline of nations: economic growth, stagflation, and social rigidities [M].New Haven: Yale University Press, 1982: 35.

② Polanyi K.The great transformation: the political and economic origins of our time [M].Boston: Beacon Press, 1944: 68.

据奥尔森的观点，中国战胜了社会僵化，在经济快速转型上取得了巨大成就；而波兰尼的理论则可以对中国政府强有力的宏观调控做出解释。中国的改革开放、由计划经济向市场经济的转型是国家策划和实施的。因此，解决改革开放过程中、中国经济社会转型过程中出现的诸多问题也应是国家的任务。如果缺乏有效的国家和政府干预，市场经济必然会对社会发展造成破坏和冲击。

### 6. 加尔布雷斯的二元体系论

美国经济学家加尔布雷斯从制度角度分析资本主义社会，提出二元体系论。他认为美国社会由计划体系和市场体系两部分构成：计划体系由1000家大公司组成，权力掌握在技术和管理人员手中，其控制着市场和价格，从而也控制着市场体系；市场体系则由1200万小企业、农场、个体经营者组成，完全听任市场支配。由于计划体系占统治和支配地位，美国这种丰裕社会存在各种收入分配不平等、经济发展不平衡、资源配置失调、通货膨胀与失业等问题。为解决这些问题，需进行制度改革，通过国家力量使两种体系的权力与收入平等化。另外，加尔布雷斯还提出了社会均衡理论，他认为，所谓均衡是指私人产品和服务与政府产品和服务供给之间令人满意的关系。他认为只有加大政府产品和服务的供给，才能改变社会失衡的状况，而政府产品和服务的主要供给者就是国有企业。

### 7. 斯蒂格利茨的国家干预理论

诺贝尔经济学奖获得者、美国经济学家斯蒂格利茨主张在市场失灵时，政府可以采用国有化的方式干预市场，提倡突出政府在宏观调控中的作用，认为获得持续增长和长期效率的最佳方法是找到政府与市场之间的适当平衡，使得世界经济回到一个更加公平、更加稳定的增长进程中，使人人都受益。他认为，因为市场参与者不能得到充分的信息，所以市场的功能是不完善的，常常对人们的利益造成损害。他指出，斯密的那只"看不见的手"在现代社会根本就看不见，因为它根本就不存在，或者就算存在，它也是瘫痪的。所以他主张政府和其他机构必须巧妙地对市场进行干预，以使市场正常运作。他说："面对市场失灵，政府可以干脆由自己负起责任来。例如，如果政府认为，在提供医疗保健方面存在市场失灵，它可以对医疗部门实行国有化，就像第二次世界大战以后英国所做的那样。如果政府认为，在空运和铁路行业中存在市场失灵，它可以对这些行业实行国有化，或者，对这些行业中令人不满的部分实行国有化，由政府资金来经营。"[1]

### 三、国内外国有企业功能定位研究评析

#### （一）国内国有企业功能定位研究评析

（1）国内学术界对于国有企业功能定位的研究具有持续时间长、研究成果多、研究学者多、涉及领域广的特点，为后续研究提供了

---

[1] 斯蒂格利茨.经济学：上册[M].梁小民，等译.北京：中国人民大学出版社，1997：149.

丰富素材和坚实基础。从时间上看，明确提出国有企业功能问题的研究可以追溯到20世纪90年代；从成果上看，无论在论文还是著作方面，国内学者对于国有企业功能定位的研究取得了丰硕成果，并且成果呈持续增长态势，为后续研究提供了坚实基础；从研究人员看，国内涌现出了一大批致力于国有企业研究的人员，同时这些研究人员分布于经济学、政治学、管理学等不同的学科领域。

（2）国内学术界对于国有企业功能定位的研究缺乏系统性、全面性、深入性，而且观点存在一定分歧。虽然国内关于国有企业功能定位的研究成果十分丰富，在理论上取得了较多突破，但是大多侧重于对国有企业功能进行简单的分类以及一般性的描述，对于分类背后的理论缺乏系统性的阐发，并且研究成果多分布在经济学领域和管理学领域，马克思主义理论领域的研究成果较少。另外，国内学者对于国有企业的比例、范围领域以及应该发挥什么功能、发挥多大功能、如何发挥功能等问题存在一定分歧，尚未达成共识。

（3）国内学术界关于国有企业功能定位的研究多为定性研究，定性与定量相结合的研究较少，而且国际比较研究有待深化和拓展。从研究方法来看，目前国内关于国有企业功能定位的研究主要是定性研究，虽然有的学者进行了一定的数据分析和实证分析，但将定性与定量相结合的研究成果较少。从研究角度和视野来看，国内学者的研究视野相对狭窄，往往只是在国内改革发展的背景下探讨国有企业的功能定位问题，国际比较研究有待深化和拓展。

## （二）国外国有企业功能定位研究评析

（1）国外学者关于国有企业功能定位的认识具有内在一致性，对于我们更加客观、全面、准确地定位国有企业的功能具有一定的启示和价值。从国外学者关于国有企业功能定位碎片化的认识和观点可以发现，无论是自由市场理论还是国家干预理论，在这些理论看来，国有企业从本质上讲都只是一种实现国家和政府职能的工具或手段。具体来说，国有企业是政府为维持社会和经济的稳定发展而进行调节时采用的政策工具，政府通过国有企业来实现克服市场局限、弥补和矫正市场失灵的目的。他们争论的焦点也只是在于国有企业发挥功能和作用的大小、强弱和领域。这也为我们客观、全面、准确地研究和定位国有企业的功能提供了国际比较视野和一定的借鉴意义。

（2）国外对于国有企业功能定位的研究缺乏系统性，呈现出零散性、碎片化的特点，同时，国外学者对国有企业功能的理论认识深刻反映了西方资本主义国家经济发展的实践特点。通过以上研究综述可以发现，虽然国外国有企业存在已久，但国外关于国有企业功能定位的研究和论述并不系统，而是渗透在自由市场理论和国家干预理论这两种理论中，掺杂在学者对于政府与社会、国家与市场的界限及各自功能的长期争论中，呈现出零散性、碎片化的特点。同时，西方学者对于国有企业功能的理论认识与西方国家经济发展的实践是一致的，深刻反映了资本主义经济发展的一般规律和实践特点。

（3）通过以上综述可以发现，西方学者越来越重视对于国有企业功能的研究。虽然西方学者只是将国有企业看作国家干预经济的一种工具和手段，看作市场经济的必要补充，对于国有企业在市场经济中地位和作用的期望并不太高，但由于社会化大生产的高度发展，尤其是经济危机一次次的考验与"洗礼"，他们逐渐意识到，没有国有企业提供的宏观经济外部性，国民经济的某些部门将难以发挥应有的作用，甚至出现混乱，市场经济的某些功能将大大削弱。单纯地依靠市场机制已经无法实现资源的最优配置，而传统上将国家管理经济的职能定位为消极的"守夜人"角色的做法，已经难以适应现代市场经济发展的需要。因此，西方学者日益重视对于国有企业功能的研究，这从另一个侧面反映出国有企业在现代市场经济中的地位和作用越来越重要。

## 第四节 研究设计

### 一、研究思路与内容

国有企业在我国经济社会发展中始终发挥不可替代的作用，国有企业改革是我国经济体制改革的中心环节，是当前我国全面深化改革的重中之重。国有企业功能定位是理论界关于国有企业争论背后的焦点问题，是深化国有企业改革的逻辑前提和基本理论命题。

因此，围绕我国国有企业功能定位深入研究国有企业以及改革背后的理论问题，不仅有利于正确认识和评价国有企业的地位和作用，纠正关于国有企业的种种错误认识，而且有利于为国有企业改革坚持正确方向、进行顶层设计提供必要的理论支撑，同时有利于丰富和发展中国特色社会主义国有企业及其改革理论，坚持和完善社会主义基本经济制度。

基于此，本书从马克思主义基本理论出发，坚持运用马克思主义基本立场、观点和方法，对我国国有企业功能定位进行具体的、历史的、比较的分析。本书从理论和实践两个维度，基于纵向历史演变与横向国际比较的双重视角，对国有企业功能定位进行立体化、系统化研究。同时，研究提出准确界定我国国有企业功能的新框架、新思路，并在此基础上探索以功能定位为核心推进国有企业全面深化改革的基本思路。基于这样的研究思路，本书的具体研究内容包括以下几个部分。

第一章"绪论"。本章主要介绍本书的问题提出、研究意义、国内外关于国有企业功能定位与改革的研究现状及述评、研究设计等内容。

第二章"理论之基：中国化马克思主义关于国有企业功能定位的理论阐述"。本章系统梳理了中国化马克思主义关于国有企业功能定位的理论发展脉络，为研究当前我国国有企业功能定位以及推进以功能定位为核心的国有企业改革奠定理论基础。

第三章"历史之鉴：我国国有企业功能定位的历史演变及特点"。本章基于纵向历史演变的视角，运用历史唯物主义基本分析方法，探讨改革开放前和改革开放后我国国有企业功能定位历史演变的阶段及特征，并总结我国国有企业功能定位在历史演变过程中呈现出的基本特点以及存在的主要问题，为准确界定我国国有企业功能提供历史依据。

第四章"他山之石：西方国有企业功能定位的理论与实践"。本章基于横向国际比较的视角，探讨西方国有企业功能定位的理论与实践，在此基础上，从理论、制度和实践三重逻辑对中西方国有企业功能定位进行比较分析，为准确界定我国国有企业功能提供国际比较视野和有益的借鉴启示。

第五章"问题之核：我国国有企业功能的界定与表现"。本章基于对我国国有企业功能定位理论依据的系统阐发、纵向历史演变与横向国际比较的双重视角分析，将理论分析与实例分析相结合，从制度支撑、经济主导、民主保障三个层面立体化分析我国国有企业的功能与表现，为界定我国国有企业功能提供了一种分析框架和基本思路，为推进以功能定位为核心的国有企业改革提供必要的理论支撑。

第六章"改革之路：以功能定位为核心深化国有企业改革的基本思路"。本章基于对国有企业功能定位理论依据、历史演变、中西比较的系统研究，尝试从国有企业分类改革、混合所有制改革、国有资本管控等层面思考和设计以功能定位为核心深化国有企业改革的基本思路。

第七章"结论与展望"。本章基于前六章对我国国有企业功能定位与改革思路的系统研究，概括总结本书得出的主要研究结论。同时，对于我国国有企业功能定位与改革思路研究领域今后还需要继续深入研究的重点难点问题进行了展望。

## 二、研究逻辑与框架

本书研究逻辑与框架如图 1-6 所示。

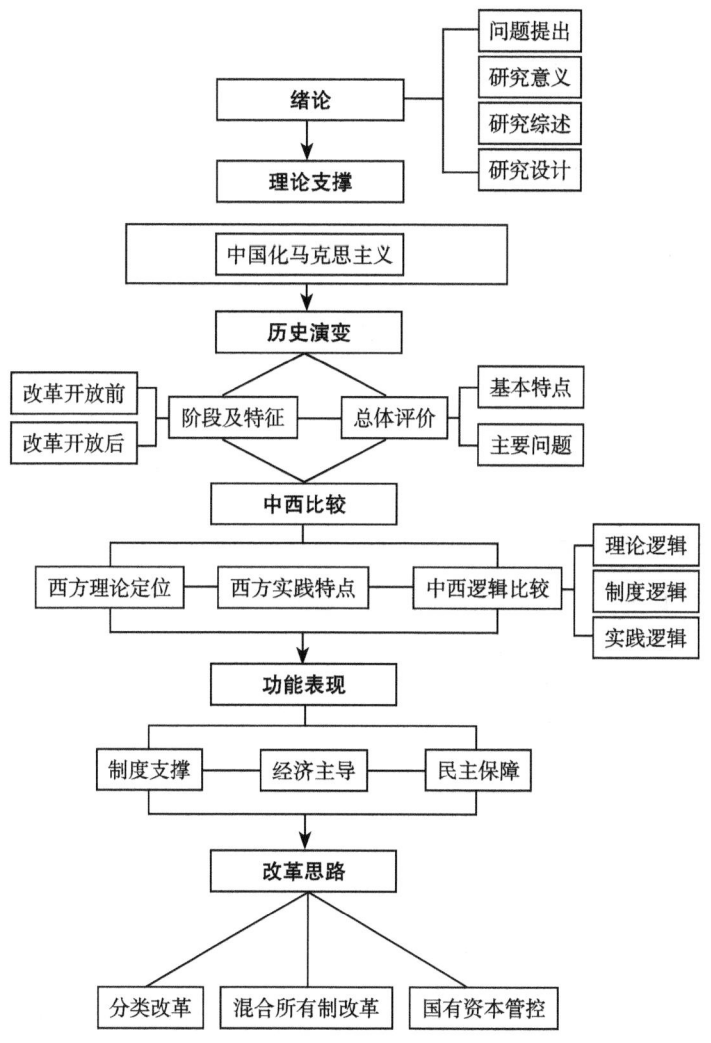

图 1-6 本书研究逻辑与框架

## 三、研究方法

第一，文献计量与内容分析相结合的方法。本书的研究建立在对马克思主义理论及国有企业相关的大量著作、期刊文献和网络资料收集、整理、归纳和分析的基础上。本书通过引入文献计量学方法，借助于 CiteSpace 文献计量软件，对国有企业领域中文文献进行分析，以科学知识图谱方式呈现并分析 1998—2019 年我国国有企业研究领域的前沿问题、高产作者以及高产机构等。同时，结合内容分析方法，系统梳理和概括中西方关于国有企业功能定位与改革的主要观点，总结当前研究的成果与不足，为本书研究奠定良好的理论基础。

第二，历史研究与逻辑研究相结合的方法。本书将对国有企业功能定位及改革历史演变过程的考察与对国有企业功能定位的理论逻辑分析有机地结合起来，即一方面分析改革开放前和改革开放后我国国有企业功能定位历史演变的阶段及特征，另一方面对当前我国国有企业的功能进行理论逻辑分析，从而为科学准确地界定我国国有企业的功能提供历史依据和理论逻辑。

第三，定性研究与定量研究相结合的方法。本书对国有企业功能定位的理论依据、历史演变以及中西比较进行了系统的理论分析，同时，通过中国经济与社会发展统计数据库、国务院国有资产监督管理委员会网站等搜集我国国有企业改革发展的相关数据并进行定量分析，为准确界定我国国有企业的功能提供数据支撑。

第四，比较研究方法。本书基于纵向历史演变与横向国际比较的双重视角，对国有企业功能定位进行立体化、系统化的比较研究，阐明了改革开放前后两个阶段我国国有企业功能定位的变化及差异，揭示了西方资本主义国家国有企业与我国国有企业功能定位的本质区别，为探究我国国有企业深化改革的基本思路提供了更为开阔的视野。

# 第二章

## 理论之基：中国化马克思主义关于国有企业功能定位的理论阐述

马克思列宁主义、毛泽东思想、中国特色社会主义理论体系是中国特色社会主义建设事业的根本指导思想,更是研究国有企业及其改革问题的理论源泉。系统深入地挖掘马克思主义特别是中国化马克思主义关于国有企业功能定位的思想和理论,是准确界定我国国有企业功能以及全面深化国有企业改革的基本前提。

## 第一节 中华人民共和国成立初期关于国有企业功能定位的论述

中华人民共和国成立后,党中央带领全国人民迅速实现了社会经济的恢复和发展,在这个过程中特别重视国营经济的重要作用。这一时期对于国营经济功能的论述概括如下。

第一,国营经济在中华人民共和国成立初期社会经济的恢复和发展过程中发挥领导作用。

1949年中华人民共和国成立前夕,毛泽东在中国共产党第七届中央委员会第二次全体会议上,科学分析了全国革命胜利后所面临的国内外基本矛盾,阐述了中国共产党为应对和解决这些基本矛盾应当采取的基本政策。其中,在经济方面,非常重要的一项措施就是没收集中在帝国主义者及中国官僚资产阶级手里的资本归无产阶级领导的人民共和国所有,从而使社会主义性质的国营经济在整个国民经济中占据领导地位。这就决定了,国营经济在革命胜利后恢复和发展经济的过程中，尤其是由农业国向工业国转变的过程中应该发挥重要的领导作用。

在1950年召开的中国共产党第七届中央委员会第三次全体会议上，毛泽东进一步强调了国营经济在整个社会经济恢复和发展中的领导地位。他指出，要获得财政经济情况的根本好转，其中一项重要工作就是"巩固财政经济工作的统一管理和统一领导，巩固财政收支的平衡和物价的稳定。在此方针下，调整税收，酌量减轻民负。在统筹兼顾的方针下，逐步地消灭经济中的盲目性和无政府状态，合理地调整现有工商业，切实而妥善地改善公私关系和劳资关系，使各种社会经济成分，在具有社会主义性质的国营经济领导之下，分工合作，各得其所，以促进整个社会经济的恢复和发展"。

第二，国营经济通过社会主义改造进一步发展壮大，为实现社会主义奠定重要的经济基础。

1952年，中共中央按照毛泽东的建议，提出了过渡时期的总路线：要在一个相当长的时期内，逐步实现国家的社会主义工业化，并逐步实现国家对农业、手工业和资本主义工商业的社会主义改造。1954年，第一届全国人民代表大会第一次会议通过了《中华人民共和国宪法》，以根本法的形式，把中国共产党在过渡时期的总路线作为国家在过渡时期的总任务确定下来。1956年，中共八大通过的《中国共产党章程》指出："中国共产党的任务，是继续采取正确的方法，把资本家所有制的残余部分改变为全民所有制，把个体劳动者所有制的残余部分改变为劳动群众集体所有制，彻底消灭剥削制度，并且杜绝产生剥削制度的根源。"国营经济作为全民所有制的主要形式，通过社会主义改造不断发展壮大，从而为实现社会主义奠定重要的经济基础。

刘少奇在中共八大上所做的政治报告中对此进行了详细说明："中华人民共和国成立以后，人民政府没收了控制国家经济命脉的全部官僚资本的企业，包括由国民党政府在抗战胜利以后接收的日、德、意各国在中国的企业，把它们变为国营的社会主义企业，使国家掌握了最大的银行，几乎全部的铁路，绝大多数的钢铁工业，其他重工业的主要部分，以及轻工业的某些重要部分。这就为我国社会主义经济的优越地位奠定了基础。人民政府接着用极大的努力发展了国营工业、国营运输业和其他国营企业。国营工业产值在一九四九年还只占全部工业总产值的百分之二十六点三，到一九五二年就已经占百分之四十一点五，而到一九五五年，就已经占百分之五十一点三了。人民政府把全部私营银行和钱庄改造为在国家银行领导下的统一的公私合营银行，由国家集中经营银行信贷、保险业务和黄金、白银、外国货币的交易。人民政府建立了对外贸易的管制，实行了外汇的管理。人民政府又建立了全国统一的强大的国营商业和供销合作社商业，掌握了主要的工业原料和主要的货源，逐步地实现了批发商业的国有化，巩固了社会主义商业在全国市场上的领导地位。"

在对资本主义工商业进行社会主义改造的过程中，一方面实行"公私兼顾、劳资两利"的政策，在优先发展国营经济的条件下，对于私营经济基本上给予"一视同仁"的待遇；另一方面，在改造过程中采取渐进式策略，将改造分为两个步骤：第一步是把资本主义转变为国家资本主义，第二步是把国家资本主义转变为社会主义。

## 第二节 改革开放初期关于国有企业功能定位的论述

1978年召开的党的十一届三中全会做出把全党工作重点转移到社会主义现代化建设上来的战略决策。改革开放后，党和国家的工作重心是经济建设，同样十分重视国营经济在社会主义建设和经济体制改革中所发挥的重要作用。改革开放初期关于国营经济和国有企业功能的相关论述主要概括为以下两点。

第一，坚持国营经济在整个国民经济中的主导地位。

在"什么是社会主义、怎样建设社会主义"的问题上，邓小平大胆突破社会主义传统观念的束缚，不断推进理论认识和实践创新。在所有制结构上突破"一大二公"的误区；在经济运行机制上突破"计划与市场"的界限。但同时，始终强调要坚持公有制的主体地位。"允许个体经济发展，还允许中外合资经营和外资独营的企业发展,但是始终以社会主义公有制为主体。"①1982年,党的十二大报告《全面开创社会主义现代化建设的新局面》中特别强调"社会主义国营经济在整个国民经济中居于主导地位"。报告指出:"巩固和发展国营经济,是保障劳动群众集体所有制经济沿着社会主义方向前进,并且保障个体经济为社会主义服务的决定性条件。""生产资料公有制是我国经济的基本制度,决不允许破坏。"同时强调:"由于我国生产力发展水平总的说来还比较低,又很不平衡,在很长时期内需要多种经济形式的同时并存。"

第二,通过经济体制改革增强国有企业活力,提高国有企业效率,巩固和完善社会主义的全民所有制。

党的十一届三中全会以后,我国国民经济持续增长,社会主义建设取得重大成就,但同时在经济体制上形成了一种同社会生产力发展要求不相适应的僵化模式,存在政企不分、条块分割、企业缺乏活力、平均主义、"大锅饭"等严重弊端,阻碍了社会主义经济的持续发展。因此,1984年,中国共产党第十二届中央委员会第三次全体会议通过了《中共中央关于经济体制改革的决定》,着手对这种僵化的经济体制进行改革。改革措施中很重要的一个方面就是推进国有企业改革,着力解决"把全民所有同国家机构直接经营企业混为一谈"的问题,通过改革使国有企业真正成为相对独立的经济实体,成为自主经营、自负盈亏的社会主义商品生产者和经营者,具

---

① 邓小平文选:第3卷[M].北京:人民出版社,1993:110.

有自我改造和自我发展的能力，成为具有一定权利和义务的法人。同时，按照政企职责分开、简政放权的原则进行改革，扩大国有企业自主权，增强国有企业活力，提高国有企业经营效率。该决定还特别强调："全民所有制经济是我国社会主义经济的主导力量，对于保证社会主义方向和整个经济的稳定发展起着决定性的作用，但是全民所有制经济的巩固和发展决不应以限制和排斥其他经济形式和经营方式的发展为条件。"因此，要在坚持国有经济主导地位的同时，坚持多种经济形式和经营方式的共同发展。

## 第三节　社会主义市场经济体制建立初期关于国有企业功能定位的论述

国有企业改革是关系国有企业生存发展的大课题，更是关系整个经济体制改革、国民经济健康持续发展的大课题。国有企业功能则是这一大课题的基础问题，也是核心问题。在邓小平对于国有企业功能这一问题所形成的理论认识的基础上，以江泽民为核心的中央领导集体对此又进行了深化发展，尤其是对于国有企业在社会主义市场经济体制建立初期、在改革开放不断深化过程中以及在社会主义现代化建设过程中的地位和作用都有重要论述。

第一，围绕国有企业与市场的关系定位国有企业的功能。

1990年年底，在党的十三届七中全会通过的《中共中央关于制定国民经济和社会发展十年规划和"八五"计划的建议》中明确提出,要"建立富有活力的国营企业管理体制、经营机制和自我约束机制,探索公有制经济多种有效的实现形式"。[①]1991年,中央工作会议又专门研究了如何搞好国营大中型企业的问题,提出"要把国营大中型企业推向市场"。[②]可以看出,从这一时期开始,党中央开始探索国有企业的功能及其实现的问题。1992年,江泽民在全国计划会议上进一步指出:"现在的问题是,要找出一个体现全民所有制企业优越性的具体形式。"[③]1993年,党中央开始部署《中共中央关于建立社会主义市场经济体制若干问题的决定》的起草工作,江泽民多次强调要回答"公有制、国有经济与市场经济怎样结合"这一重大问题。因此,这一时期关于国有企业功能定位的探讨主要围绕国有企业与市场的关系问题展开。

第二,通过国有企业改革加强国有企业的主体地位,更好地发挥国有经济在国民经济中的主导作用。

1999年,江泽民专门就国有企业改革和发展问题分别到内蒙古、四川、湖北、陕西、山东、辽宁等地进行实地调研,并先后主持召开西南、中南、西北、华东、东北和华北地区国有企业改革和

---

① 中共中央文献研究室.十三大以来重要文献选编:中册[M].北京:人民出版社,1991:1405-1406.

② 中共中央文献研究室.十三大以来重要文献选编:下册[M].北京:人民出版社,1993:1695.

③ 江泽民.论社会主义市场经济[M].北京:中央文献出版社,2006:29.

发展座谈会。座谈会上江泽民围绕国有企业改革和发展问题发表了重要讲话，同时针对国有企业的地位和作用进行了系统、深刻的阐述。在东北和华北地区国有企业改革和发展座谈会上，他首先指出："新中国成立五十年来，国有企业和广大工人阶级，为我国形成比较完整的工业体系和国民经济体系，增强经济实力和综合国力，巩固和加强国防，促进社会全面进步，提高人民生活水平，作出了重大的历史性贡献。"同时分析了从1978年到1998年的二十年间，国有企业在国家经济和社会发展中所发挥的主导作用，包括国有企业控制和支配国民经济的关键领域及重要原材料行业和支柱产业、是国家财政收入的主要来源等。他还特别强调："搞好国有企业，既是关系国民经济健康运行和长远发展的重大经济问题，也是关系社会主义制度前途命运的重大政治问题。""国有经济在关系国民经济命脉的重要行业和关键领域必须占支配地位。"

以此为基础，党的第十五届中央委员会第四次全体会议专门研究国有企业改革和发展问题，这是改革开放以来第一次召开全会专门研究国有企业改革和发展问题。全会通过了《中共中央关于国有企业改革和发展若干重大问题的决定》（以下简称《决定》），这也是第一次在全会上通过专门指导国有企业改革和发展的文件。《决定》指出："包括国有经济在内的公有制经济，是我国社会主义制度的经济基础，是国家引导、推动、调控经济和社会发展的基本力量，是实现广大人民群众根本利益和共同富裕的重要保证。""国有企业是我国国民经济的支柱。发展社会主义社会的生产力，实现国家的工业化和现代化，始终要依靠和发挥国有企业的重要作用。"同时指出，到2010年国有企业改革和发展的目标是："适应经济体制与经济增长方式两个根本性转变和扩大对外开放的要求，基本完成战略性调整和改组，形成比较合理的国有经济布局和结构，建立比较完善的现代企业制度，经济效益明显提高，科技开发能力、市场竞争能力和抗御风险能力明显增强，使国有经济在国民经济中更好地发挥主导作用。"

第三，从控制力上重新界定国有经济的主导作用。

《决定》还对国有经济在国民经济中的主导作用的深刻内涵进行了专门界定，纠正了单纯从数量优势上看待国有经济主导作用的错误认识，强调要从整体上正确认识国有经济的主导作用和国有企业的主体地位。《决定》指出："在社会主义市场经济条件下，国有经济在国民经济中的主导作用主要体现在控制力上。（一）国有经济的作用既要通过国有独资企业来实现，更要大力发展股份制，探索通过国有控股和参股企业来实现。（二）国有经济在关系国民经济命脉的重要行业和关键领域占支配地位，支撑、引导和带动整个社会经济的发展，在实现国家宏观调控目标中发挥重要作用。（三）国有经济应保持必要的数量，更要有分布的优化和质的提高；在经济发展的不同阶段，国有经济在不同产业和地区的比重可以有所差别，其布局要相应调整。"

在这些理论认识的指导下，国有企业改革有序推进，取得了实质性突破和进展。在亚洲金融危机等严峻形势下，我国完成了国有企业三年脱困的阶段性改革任务，使国有企业基本从传统计划经济体制下国家的附属机构和生产单位，逐步转变为社会主义市场经济条件下的生产经营主体和市场竞争主体，推动了公有制与市场经济的有机结合，初步构建起社会主义市场经济的微观基础。

## 第四节　21世纪初期关于国有企业功能定位的论述

进入21世纪后，随着社会主义市场经济体制的不断发展和完善，我国经济社会发展进入高速增长阶段，国际局势和国内环境发生深刻变革。我国在坚持国有企业主体地位和国有经济主导作用的基本前提下，不断完善社会主义市场经济体制，加强国有企业与市场的融合，更加注重增强国有企业的活力和国有经济的控制力。另外，强调从制度层面认识国有企业的地位和作用，要求国有企业在发挥经济社会功能的同时担当政治责任。

第一，在完善社会主义市场经济体制的过程中不断增强国有企业的主体地位和国有经济的主导作用。

为贯彻落实党的十六大提出的建成完善的社会主义市场经济体制的战略部署，2003年，中国共产党第十六届中央委员会第三次全体会议通过了《中共中央关于完善社会主义市场经济体制若干问题的决定》（以下简称《决定》），指出要进一步巩固和发展公有制经济，明确提出坚持公有制的主体地位，发挥国有经济的主导作用。《决定》指出，要"积极推行公有制的多种有效实现形式，加快调整国有经济布局和结构"。同时强调："要适应经济市场化不断发展的趋势，进一步增强公有制经济的活力，大力发展国有资本、集体资本和非公有资本等参股的混合所有制经济，实现投资主体多元化，使股份制成为公有制的主要实现形式。""完善国有资本有进有退、合理流动的机制，进一步推动国有资本更多地投向关系国家安全和国民经济命脉的重要行业和关键领域，增强国有经济的控制力。"为此，《决定》还提出从建立健全国有资产管理和监督体制、完善公司法人治理结构、加快推进和完善垄断行业改革等方面深化国有企业改革，增强国有企业的主体地位和国有经济的主导作用。

第二，国有企业贯彻落实国家战略，担当政治责任。

2011年，胡锦涛在庆祝中国共产党成立90周年大会上发表重要讲话，指出："党和人民必须倍加珍惜、长期坚持、不断发展的成就是：开辟了中国特色社会主义道路，形成了中国特色社会主义理论体系，确立了中国特色社会主义制度。"党的十一届三中全会以来，我们党在经济领域进行了重大制度创新，逐步确立了公有制为主体、多种所有制经济共同发展的基本经济制度。这个制度的比较优势关系到中国特色社会主义能不能发展下去和中国共产党能不能长期执政、能不能肩负起中华民族伟大复兴历史使命的重大问题。国有企业是公有制经济的主要实现形式，搞好国有企业、增强公有制在社会经济结构中的主体地位和国有经济的主导作用，是保证我国经济社会发展的社会主义性质、巩固党的执政基础的必然要求。制度创新促进了国家经济的快速发展，国有企业和中央企业必须坚守公有制为主体这块阵地，在经济建设中发挥支柱作用和主力军作用，尤其是要承担起政治责任。从根本上说，国有企业是为了实现一定的重大经济社会目标和政治目标而存在的经济组织。在我国，国有企业是全面建设小康社会的重要力量，是中国特色社会主义的重要支柱，是我们党执政的重要基础。国有企业必须坚定地与党中央保持高度一致，自觉贯彻落实国家战略，把政治责任放在第一位。[①]具体来说，国有企业肩负着贯彻落实党的路线方针政策和国家战略部署的责任、维护国家经济安全的责任、促进共同富裕的责任，并且在经济社会发展中承担着重大的特殊任务。

21世纪初期，我国在坚持以公有制为主体、多种所有制经济共同发展的社会主义基本经济制度的前提下，不断完善社会主义市场经济体制，以国有资本为纽带不断增强国有经济的活力和控制力，推动以股份制为主要实现形式的混合所有制经济发展。随着社会主义市场经济体制的逐渐完善，国有企业的功能定位进一步清晰明确，国有企业的主体地位和国有经济的主导作用在市场经济的大潮中得到进一步加强。

---

① 傅成玉.发挥制度优势 担当政治责任［J］.现代国企研究，2013（4）：66.

## 第五节　党的十八大以来关于国有企业功能定位的论述

党的十八大以来，以习近平同志为核心的新一届中央领导集体将国有企业改革和发展问题作为全面深化改革的重大问题，从发展中国特色社会主义的全局出发，站在全面深化改革的新起点，围绕国有企业改革问题进行了深入思考，形成了一系列理论成果。这些理论认识是中国特色社会主义理论发展的最新成果，对于坚持和完善基本经济制度、全面深化国有企业改革、凝聚国有企业改革共识、做强做优做大国有企业具有根本指导作用。

第一，从中国特色社会主义制度和党执政层面进一步明确国有企业的功能定位。

2016年10月，习近平总书记在全国国有企业党的建设工作会议上明确提出："国有企业是中国特色社会主义的重要物质基础和政治基础，是我们党执政兴国的重要支柱和依靠力量。"这是党中央第一次从中国特色社会主义制度和党执政层面明确国有企业的性质问题。国有企业是国民经济发展的中坚力量，对国有企业要有制度自信。之所以对国有企业要有制度自信，正在于国有企业是中国特色社会主义制度优势的体现。全面深化国有企业改革是为了加强国有企业在中国特色社会主义中的支柱地位，更好地发挥国有企业对国民经济发展的主导作用，从根本上说就是社会主义基本经济制度的自我完善和发展。只有始终坚持和完善社会主义基本经济制度，才能保证国有企业全面深化改革始终沿着正确的方向和道路，才能在根本问题上不犯"颠覆性错误"。在全国国有企业党的建设工作会议上，习近平总书记进一步对国有企业的功能定位做了明确阐释，提出要"使国有企业成为党和国家最可信赖的依靠力量，成为坚决贯彻执行党中央决策部署的重要力量，成为贯彻新发展理念、全面深化改革的重要力量，成为实施'走出去'战略、'一带一路'建设等重大战略的重要力量，成为壮大综合国力、促进经济社会发展、保障和改善民生的重要力量，成为我们党赢得具有许多新的历史特点的伟大斗争胜利的重要力量"。

第二，在全面深化改革和参与更高层次国际竞争中不断做强做优做大国有企业。

党的十八大以来，习近平总书记在不同场合多次强调要通过改革做强做优做大国有企业，为国有企业改革和发展指明了方向。2014年，习近平总书记在参加十二届全国人大二次会议上海代表团审议时强调："深化国企改革是大文章，国有企业不仅不能削弱，而且还要加强。国有企业加强是在深化改革中通过自我完善，在凤凰涅槃中浴火重生，而不是抱残守缺、不思进取、不思改革，确实要担当社会责任树立良好形象，在推动改革措施上加大力度。"2015年7月，习近平总书记在吉林调研时强调："国有企业是推进现代化、保障人民共同利益的重要力量，要坚持国有企业在国家发展中的重要地位不动摇，坚持把国有企业搞好、把国有企业做强做优做大不动摇。"习近平总书记在同吉林省企业职工座谈时指出："我们要向全社会发出明确信息：搞好经济、搞好企业、搞好国有企业，把实体经济抓上去。"同时，习近平总书记对国有企业参与国际竞争寄予厚望。2015年7月，习近平总书记在吉林调研时强调："要把装备制造业作为重要产业，加大投入和研发力度，奋力抢占世界制高点、掌控技术话语权，使我国成为现代装备制造大国和强国。"2016年7月4日，习近平总书记在全国国有企业改革座谈会上指出："国有企业是壮大国家综合实力、保障人民共同利益的重要力量，必须理直气壮做强做优做大，不断增强活力、影响力、抗风险能力，实现国有资产保值增值。"这些重要论述为新时期国有企业改革指明了方向。

第三，通过混合所有制改革增强国有企业活力和控制力，壮大国有经济。

党的十八届三中全会提出"国有资本、集体资本、非公有资本等交叉持股、相互融合的混合所有制经济，是基本经济制度的重要实现形式"的重要论断，由此开启了以混合所有制改革作为突破口的国有企业改革。2014年，习近平总书记在参加十二届全国人大二次会议安徽代表团审议时强调："发展混合所有制经济，基本政策已明确，关键是细则，成败也在细则。要吸取过去国企改革经验和教训，不能在一片改革声浪中把国有资产变成谋取暴利的机会。改革关键是公开透明。"2015年9月23日，国务院发布《关于国有企业发展混合所有制经济的意见》，指出要深化国有企业混合所有制改革，提高国有资本配置和运行效率，优化国有经济布局，增强国有经济活力、控制力、影响力和抗风险能力。2016年12月，习近平总书记在中央经济工作会议上提出"混合所有制改革是国企改革的重要突破口"的论断，指出国有企业要按照完善治理、强化激励、突出主业、提高效率的要求，在电力、石油、天然气、铁路、民航、电信、军工等领域迈出实质性步伐。从习近平总书记关于混合所有制改革的诸多论述中可以明确看出，推进混合所有制改革的目的是增强国有企业活力和控制力，从而壮大国有经济。应通过混合所有制改革，完善国有企业治理模式和经营机制，真正确立国有企业的市场主体地位，增强国有企业内在活力、市场竞争力、发展引领力。

# 第三章

## 历史之鉴:我国国有企业功能定位的历史演变及特点

我国国有企业的存在与发展具有坚实的理论基础，同时也具有深厚的历史传统。发展国有企业是社会主义建设长期探索的历史选择，其功能定位也经历了一个长期演变的历史过程。以史为鉴，方能致远。准确界定我国国有企业的功能，必须基于对我国国有企业功能定位历史演变的全面把握。我国国有企业形成、发展、改革的历史进程以及在这个过程中其功能定位的历史演变，是当前准确界定我国国有企业功能的重要历史依据。

# 第一节　我国国有企业功能定位历史演变的两个阶段

根据我国国有企业功能定位在不同历史时期的具体表现及基本特征，大体可以将我国国有企业功能定位的历史演变分为两个阶段，即改革开放前和改革开放后。在这两个阶段，我国国有企业功能定位经历了一个不断演变的过程，其性质、地位和作用等方面都存在一定差异，同时也具有内在联系。

## 一、改革开放前我国国有企业功能定位

中华人民共和国成立后，我国一直重视并大力发展国有企业，国有企业为我国社会主义制度的不断完善提供了物质基础和制度支

撑。总体来看，可以从性质和功能两个层面来认识和把握改革开放前我国国有企业功能定位的基本特征。

**（一）从性质上看，国有企业是执行国家计划的生产单位**

中华人民共和国成立以前，我国处于半殖民地半封建社会，民族工业发展缓慢，技术落后，工业布局不合理，工业结构严重畸形，并且长期依附于帝国主义。中华人民共和国成立以后，百废待兴，为巩固新生的社会主义政权，尽快改变贫穷落后的面貌，我国开始致力于工业化和现代化建设。在当时的国情下，唯一可行的途径就是依靠国家力量，建立和发展国有企业。能够在较短的时间内迅速动员国内力量，集中国内资源，进行工业化和现代化建设任务的也只有国有企业。

中华人民共和国成立初期，我国国有企业的来源主要有以下几个方面：一是中华人民共和国成立前革命根据地已经建立和存在的公营企业；二是中华人民共和国成立后没收的国民政府设立的官僚资本主义企业；三是经过社会主义改造后的资本主义工商业；四是没收的国外资本以及移交给我国的国外资本；五是由政府投资建立或改建扩建的国营企业。

当时我国建设社会主义没有经验可循，基本上是以"苏联模式"作为依据，因此，国有企业的建立和发展也主要是借鉴和参考苏联经验。在第一个五年计划期间，我国在苏联的援助下建设了156个大型工程项目，建立了上万家大型国有企业和几十万家中小型国有企业，国有经济得到迅速发展，奠定了我国实现工业化和现代化的重要基础。1954年9月,中华人民共和国的第一部宪法颁布,国有企业的地位和作用基本上以法律的形式确定下来。国有企业的全面建立和迅速发展,不仅奠定了社会主义公有制的经济基础,而且使国有资产的原始积累得以完成。

依靠国家力量,国有企业迅速建立和发展,对我国社会主义制度的巩固做出巨大贡献。但由于受到"苏联模式"的影响,我国也形成了高度集中的计划经济体制。"集权"和"计划"是这种体制的典型特点,而国有企业便成了贯彻和执行国家计划的重要生产单位,因此当时国有企业被称为"国营企业"。国有企业的这种特殊性质主要体现在以下几个方面。

第一,体制机制方面,国家对国有企业实行"统一领导,分级管理"。当时我国的国有企业全部由国家统一领导,中央(各主管部门)和地方(各省、自治区、直辖市)分级进行管理。据统计,1957年,有9300多家工业企业直接归属中央政府各部门管理,在全国国营工业企业总数中的比重约为16%,其工业总产值接近全国国营工业企业总产值的50%。[1]

第二,生产经营方面,国有企业的各项日常生产经营活动均由国家计划决定,并在国家下达指令后进行。国有企业没有自主生产经营权,生产什么、生产多少均由国家计划决定。上级主管部门下

---

[1] 张卓元,郑海航.中国国有企业改革30年回顾与展望[M].北京:人民出版社,2008:22.

达年度生产计划指标,国有企业据此编制季度生产计划指标,并向上级部门报批,上级部门批准后国有企业才能执行生产计划。并且对于上级部门下达的生产计划,国有企业只能按计划执行,而不能擅自改动。因此,从某种意义上说,国有企业并不是真正的企业,只不过是贯彻和执行国家生产计划的一个生产单位。

第三,投资管理方面,国有企业的基本投资建设由国家统一决定,国有企业没有任何投资决策权。1955年,国务院发布《基本建设工程设计和预算文件审核批准暂行办法》,该办法明确规定了各类基本建设项目的审批权限。例如,国务院各部(包括国务院直属机构,下同)管理的冶金工业及铁路运输事业的总概算金额在3000万元以上的,国务院各部管理的机械工业、煤炭开采工业、石油工业、化学工业、建筑材料工业、动力工程、海运及水利事业的总概算金额在2000万元以上的,国务院各部管理的其他工业、农业、林业、河运、邮电及公路运输事业的总概算金额在1000万元以上的,省、自治区、直辖市管理的工业、动力工程、农业、林业、水利、邮电及交通运输事业的总概算金额在500万元以上的,国务院各部或省、自治区、直辖市管理的行政用房屋、住宅、文化福利设施、商业企业、城市公用事业及其他基本建设工程的总概算金额在500万元以上的,均必须由国家建设委员会审核,然后由国务院批准;国务院各部管理的冶金工业及铁路运输事业的总概算金额在300万元以上、3000万元以下的,国务院各部管理的机械工业、煤炭开采工业、石油工业、化学工业、建筑材料工业、动力工程、海运及水利事业的总概算金额在 200 万元以上、2000 万元以下的，国务院各部管理的其他工业、农业、林业、河运、邮电及公路运输事业的总概算金额在 100 万元以上、1000 万元以下的，省、自治区、直辖市管理的工业、动力工程、农业、林业、水利及交通运输事业的总概算金额在 80 万元以上、500 万元以下的，国务院各部或省、自治区、直辖市管理的行政用房屋、住宅、文化福利设施、商业企业、城市公用事业及其他基本建设工程的总概算金额在 60 万元以上、500 万元以下的，必须由国务院各部或各省、自治区、直辖市人民委员会审核批准；总概算金额不满以上规定的限额的基本建设工程，可分别由国务院各部，各省、自治区、直辖市人民委员会自行规定。可见，在当时国有企业自身没有任何投资决策权。据统计，在第一个五年计划期间，国家预算内投资额占全社会基本建设投资总额的 90.3%，其中，由中央政府直接管理的投资项目占 70%，由地方政府直接管理的投资项目占 21%。[①]

另外，国有企业在财务、工资、产品流通等方面也都由国家根据计划统一管理。例如：在财务管理方面，国家对国有企业实行"统收统支"的财务管理制度；在工资管理方面，中央政府的劳动部门对国有企业职工工资进行集中管理，并实行统一的货币工资标准；在产品流通方面，国家对国有企业的产品实行"统购包销"政策，

---

① 张卓元，郑海航.中国国有企业改革 30 年回顾与展望［M］.北京：人民出版社，2008：23.

对产品的分配和定价进行集中统一管理。

**（二）从功能上看，国有企业为巩固和发展社会主义提供了物质基础和制度支撑**

改革开放前，尤其是中华人民共和国成立初期，国有企业作为执行国家计划的生产单位，在巩固新生的社会主义政权，进行社会主义现代化建设的过程中发挥了重要功能，主要体现为国有企业为巩固和发展社会主义奠定了物质基础，提供了制度支撑，极大地提高了人民的物质生活水平。

第一，国有企业的建立和发展为中华人民共和国成立初期的工业化、现代化建设奠定了坚实的物质技术基础。中华人民共和国成立初期，国有企业作为实现工业化的主力军，为奠定当时我国工业化的物质技术基础发挥了相当大的作用。在苏联援助下我国建设的156个大型工程项目主要集中在工业领域，都是通过建立国有企业完成的，从而在短时间内使我国建立起较为完整的、庞大的民族工业体系，奠定了中华人民共和国的工业基础，使中国从农业国转变为工业国。汽车、航空、电力、机械、化工、无线电等很多新兴工业的建立和发展，彻底改变了我国当时工业水平和工业结构落后的状况。依托国有企业，我国取得了以"两弹一星"为代表的一大批科学技术成就，为后来国民经济的全面快速发展奠定了坚实的技术基础。

第二，国有企业的建立和发展为巩固和发展社会主义提供了制度支撑。公有制是社会主义经济制度的基础，而公有制的主要实现形式就是国有企业。我国的国有企业从产生之日起,就肩负着建设社会主义的伟大使命。国有企业的建立和发展壮大,标志着生产资料社会主义公有制的逐步实现,从而消除了广大人民受剥削、受压迫的根源,建立起劳动者占有生产资料的社会主义生产关系。按劳分配制度的确立和实施,也从根本上消除了不平等的分配关系,实现了广大劳动者在收入分配上的平等。因此,国有企业不仅作为一种企业组织形式,为巩固和发展社会主义奠定了物质基础,更重要的是作为一种制度实现形式,为巩固和发展社会主义提供了制度支撑。

第三,国有企业的建立和发展极大地提高了广大人民群众的物质生活水平。中华人民共和国成立前,我国大多数人的生活水平较低。中华人民共和国成立后,我国大力发展国有企业,在较短的时间内建成了包括重工业和轻工业在内的独立完整的工业体系和国民经济体系,生产力得到迅速发展,物质生产和物资供应也日益充分,广大人民群众的生活水平得到了极大改善。按可比价格计算,以1952年为100,到1978年农村居民的消费水平为157.5,城市居民的为212.9,分别提高了57.7%和112.9%。消费品中的食品比重下降,工业品却在此时提高了。手表、自行车、缝纫机1952—1978年每百人拥有的数量在农村分别增长了33倍、21倍和72倍,在城镇分别增长了52倍、44倍和21倍。[①]

---

[①] 宗寒.是什么改变了中国[M].北京:红旗出版社,2009:161.

国有企业作为执行国家计划的生产单位，为巩固和发展社会主义提供了物质基础和制度支撑，这种特殊的性质和功能是由当时国家所处的特殊发展阶段和面临的特殊国情所决定的。正如前面所论述的，不仅在我国，在其他社会主义国家如苏联，社会主义建设的初级阶段中国有企业也具有同样的性质、发挥同样的功能。在中华人民共和国成立初期工业落后、百废待兴的现实状况下，计划经济体制下的国有企业对于我国较快地建成比较完整的工业体系、启动国家工业化进程发挥了至关重要的作用。但是计划经济体制下中央政府对国有企业管得过多、过严，导致国有企业出现效率低下、缺乏活力等问题，同时，国有企业过于依赖国家强制性的政策保护，也逐渐暴露出缺乏内在发展动力和外在竞争力不足的弊端。因此，改革开放一开始，我国就对国有企业进行了大刀阔斧的改革，国有企业的功能定位也随之发生变化。

## 二、改革开放以来我国国有企业改革阶段及其功能定位

改革开放以来，我国在坚持巩固公有制主体地位、国有经济主导作用的同时，支持多种所有制经济共同发展，逐步形成了以公有制为主体、多种所有制经济共同发展的基本经济制度。在坚持基本经济制度的前提下，我国大力推进国有企业改革，并将国有企业改革放在经济体制改革的核心位置。随着改革不断推进，我国经济社会不断转型，国有企业功能也经历了一个不断变迁的过程。总体来

看，我国国有企业功能定位的变迁是与国有企业改革阶段相对应的，可以说，国有企业功能定位是国有企业改革的核心命题，国有企业改革正是围绕如何更好地发挥国有企业的功能展开的。改革开放以来，依据国有企业功能定位的变迁，国有企业改革大致经历了以下四个阶段。

### （一）以放权让利为主要特征的改革阶段（1978—1992年）

随着计划经济体制下国有企业的缺陷和弊端不断暴露，从1978年开始，我国开启了国有企业改革进程。1978年到1992年，作为国有企业改革的第一阶段，其主要特征是通过对国有企业放权让利，从而扩大国有企业自主权，使国有企业真正成为自主经营、自负盈亏、相对独立的经济实体。

第一，国有企业改革起步于放权让利。

1978年，党的十一届三中全会公报明确指出："现在我国经济管理体制的一个严重缺点是权力过于集中，应该有领导地大胆下放，让地方和工农业企业在国家统一计划的指导下有更多的经营管理自主权。"从1979年开始，我国对国有企业实行扩权让利的改革试点，国务院先后颁布了《关于扩大国营工业企业经营管理自主权的若干规定》等五个文件。以此为契机，国有企业放权让利改革全面展开。1984年，党的十二届三中全会通过了《中共中央关于经济体制改革的决定》，将增强企业活力作为当前经济体制改革的中心环节，通过改革建立充满生机的社会主义经济体制。围绕这个中心环节主要解决两个方面的关系问题，一是国有企业和国家的关系问题，二是国有企业和企业职工的关系问题。为此，通过实行政企职责分开，正确发挥政府机构管理经济的职能，实行国有企业所有权和经营权适当分离的厂长经理负责制，同时健全职工代表大会制度和民主管理制度，切实维护职工合法权益，体现工人阶级的主人地位。1987年，党的十三大进一步指出推行国有企业放权让利，明确提出逐步推行国有企业承包责任制，探索股份制和租赁制等多种企业经营形式。为进一步推动国有企业进入市场，增强活力，1992年，国务院颁布《全民所有制工业企业转换经营机制条例》，明确规定了全民所有制工业企业享有生产经营决策权等14项权利。通过放权让利、两权分离、转换体制机制等一系列改革措施，增强了国有企业活力，调动了国有企业积极性，为继续推进国有企业改革打下了良好基础。

第二，国有企业改革目标是使国有企业真正成为自主经营、自负盈亏、相对独立的经济实体。

以放权让利为主要特征的改革要解决的最根本问题还是国有企业的功能定位问题。过去国家对国有企业管得太多太死的一个重要原因，就是把全民所有同国家机构直接经营企业混为一谈，国有企业实际上相当于政府的一个附属机构。在这种定位下，国家通过计划的、行政的手段对国有企业进行直接经营和管理，导致国有企业缺乏自主性和灵活性，国有企业应有的活力以及企业职工的积极性和创造性得不到发挥。因此，这一阶段国有企业改革的目标就是通过放权让利、两权分离、转换体制机制等手段，使国有企业真正成为自主经营、自负盈亏、相对独立的经济实体。从国家宏观层面来看，就是要通过改革改变同社会生产力发展要求不相适应的僵化的经济管理模式，通过改革建立充满生机的社会主义经济体制。早在1984年，党的十二届三中全会通过的《中共中央关于经济体制改革的决定》就明确提出了国有企业的这一改革目标："要使企业真正成为相对独立的经济实体，成为自主经营、自负盈亏的社会主义商品生产者和经营者，具有自我改造和自我发展的能力，成为具有一定权利和义务的法人。"同时还指出，要"建立自觉运用价值规律的计划体制，发展社会主义商品经济"，"社会主义的计划体制，应该是统一性同灵活性相结合的体制"。1992年，邓小平南方谈话肯定了社会主义也可以发展市场经济，党的十四大明确提出建立社会主义市场经济体制，标志着国有企业以放权让利为主要特征的改革取得实质性突破，同时也标志着国有企业改革将进入新的阶段。

在以放权让利为主要特征的国有企业改革阶段，由于没有现实的发展经验和既定的路线指引，因此，主要采取"试点"的基本原则，在"摸着石头过河"的过程中探索方向和思路。通过这一阶段的改革，人们对国有企业的功能定位有了新的认识，国有企业从计划经济体制下国家的附属机构，逐渐开始向相对独立的经济实体转变，从执行国家计划的生产单位，逐渐开始向面向市场从事生产经营的真正的企业转变。这一阶段的改革有效增强了国有企业的活力，为国有企业进入市场，与市场经济融合并成为真正的市场主体奠定了初步基础。但是由于国有企业数量体量巨大，改革依然面临许多难题，国有企业长期积累的问题仍然存在，同时出现了"内部人控制"等新问题,因此,这些问题还需要通过进一步改革来解决。

**(二)以建立现代企业制度为主要特征的改革阶段(1993—2002年)**

在以放权让利为主要特征的国有企业改革阶段,通过放权让利,明确了国有企业的权责利问题,也使得国有企业与市场的关系逐渐清晰。随着改革的推进,要真正解决国有企业的深层次矛盾,必须从制度创新着手。从1993年开始,国有企业改革进入以建立现代企业制度为主要特征的改革新阶段。

第一,建立现代企业制度是国有企业改革的方向,也是完善社会主义市场经济体制的基本要求。

现代企业制度是一种适应现代社会化大生产和市场经济体制要求的新型企业制度。1993年11月,党的十四届三中全会通过《中共中央关于建立社会主义市场经济体制若干问题的决定》(以下简称《决定》),明确提出"进一步转换国有企业经营机制,建立适应市场经济要求,产权清晰、权责明确、政企分开、管理科学的现代企业制度"。《决定》不仅明确了国有企业改革的方向是建立现代企业制度,同时也揭示了现代企业制度的基本特征,即"适应市场经济要求,产权清晰、权责明确、政企分开、管理科学"。1994年,全国100家国有大中型企业开始进行现代企业制度试点,现代企业制度由点到面逐步建立。1997年,党的十五大报告提出,"力争到本世纪末大多数国有大中型骨干企业初步建立现代企业制度"。1999年,党的十五届四中全会通过的《中共中央关于国有企业改革和发展若干重大问题的决定》进一步提出，到2010年国有企业改革和发展的目标之一就是建立比较完善的现代企业制度。

建立现代企业制度不仅是国有企业改革的方向，也是完善社会主义市场经济体制的基本要求。长期以来，国有企业改革一直停留在企业经营、管理、决策等微观层面，无法真正解决国有企业的深层次矛盾，也不符合建立和完善社会主义市场经济体制的基本要求。国有企业通过建立现代企业制度，从企业制度创新层面推动国有企业改革，可以为社会主义市场经济体制奠定制度基础。一是明晰国有企业产权关系。国有资产所有权属于国家，企业拥有包括国家在内的出资者投资形成的全部法人财产权，是具有民事权利、同时承担民事责任的法人实体。二是企业以其全部法人财产，依法自主经营，自负盈亏，照章纳税，对出资者承担资产保值增值的责任。三是出资者按投入企业的资本额享有所有者的权益。四是企业按照市场需求组织生产经营，以提高劳动生产率和经济效益为目的，政府不直接干预企业的生产经营活动。五是建立科学的企业领导体制和组织管理制度，调节所有者、经营者和职工之间的关系，形成激励和约束相结合的经营机制。[1]在社会主义市场经济体制框架下，以建立现代企业制度为方向和目标推进国有企业改革是我国社会主义改革实践的重大突破，具有划时代意义。

---

[1] 中共中央关于建立社会主义市场经济体制若干问题的决定[N].人民日报，1993-11-17（1）.

第二，通过建立现代企业制度更好地发挥国有企业对于国民经济的主导作用。

国有企业建立现代企业制度是完善社会主义市场经济体制的基本要求，是在社会主义市场经济体制框架下进行的。社会主义市场经济体制一方面具有市场经济的一般特征，另一方面具有社会主义的基本属性。社会主义市场经济体制是同社会主义基本制度结合在一起的。国有企业建立现代企业制度对于国有企业的意义，一方面是可以改变国有企业落后、僵化的经营管理体制机制，另一方面是可以从制度创新层面加强国有企业在国民经济中的支柱地位，提高经营管理水平和市场竞争能力，从而更好地发挥对于国民经济的主导作用。这是国有企业建立现代企业制度对于国民经济发展的重要意义所在，也是社会主义制度的优越性所在。因此，建立现代企业制度的重要前提之一就是要坚持公有制的主体地位，坚持国有企业的主导作用。在此基础上，"发展一批以公有制为主体，以产权联结为主要纽带的跨地区、跨行业的大型企业集团，发挥其在促进结构调整，提高规模效益，加快新技术、新产品开发，增强国际竞争能力等方面的重要作用"。[①]

建立现代企业制度是20世纪90年代以后国有企业改革的方向和主题，其中，界定产权关系是国有企业建立现代企业制度的核心

---

① 中共中央关于建立社会主义市场经济体制若干问题的决定[N].人民日报，1993-11-17（1）.

命题，而国有企业产权关系背后的实质是国有企业与国家的关系、与市场的关系、与广大人民群众的关系，这也恰恰是国有企业功能定位关注的基本问题。因此，建立现代企业制度也是进一步明晰国有企业功能定位的重要战略举措。通过建立现代企业制度，可以从制度层面清晰地界定国有企业与国家、与市场以及与广大人民群众的关系，使国有企业真正进入市场，不断增强活力和竞争力，从而更好地发挥对于国民经济的主导作用，服务于国家发展和人民生活水平的提升，同时也为加快实现从计划经济体制向社会主义市场经济体制的转变提供制度保障。

**（三）以战略调整为主要特征的改革阶段（2003—2012年）**

2002年党的十六大以后，国有经济的结构和布局继续调整，国有资产管理方式不断创新，国有企业改革进入一个新的阶段，即以战略调整为主要特征的改革阶段。

第一，国有企业改革从企业制度层面上升到国家宏观战略层面。

在国有企业改革不断深入和国有经济不断壮大的同时，国有经济在布局和结构上也暴露"大而散""多而乱"的问题。要进一步发挥国有企业的功能，必须从国家整体战略层面调整国有经济布局和结构。国有企业改革逐渐从企业制度层面上升到国家宏观战略层面。早在1995年，党的十四届五中全会就明确提出要从宏观上改革国有经济，强调"要着眼于搞好整个国有经济，通过存量资产的流动和重组，对国有企业实施战略性改组"。1997年，党的十五大和十五届一中全会也提出对国有企业进行战略性改组的方针。1999年，党的十五届四中全会通过的《中共中央关于国有企业改革和发展若干重大问题的决定》提出，到2010年国有企业改革和发展的目标之一就是要基本完成战略性调整和改组，形成比较合理的国有经济布局和结构。同时，将"从战略上调整国有经济布局和改组国有企业"作为推进国有企业改革和发展的指导方针之一，指出要"着眼于搞好整个国有经济，推进国有资产合理流动和重组，调整国有经济布局和结构，积极发展大型企业和企业集团，放开搞活中小企业"。

2002年，党的十六大报告将继续调整国有经济布局和结构，改革国有资产管理体制作为深化经济体制改革的重大任务。为调整国有经济布局和结构，改革国有资产管理体制，党的十六大报告还提出"中央政府和省、市（地）两级地方政府设立国有资产管理机构"。因此，2003年4月，国务院国有资产监督管理委员会（国资委）成立，代表国家履行出资人职责，监管国有资产。随后，省、市（地）两级地方政府也先后成立了相应的国有资产监督管理委员会。成立国务院国资委和各省、市（地）国资委，是完善国有资产管理体制、推进国有企业战略调整的重大举措，标志着我国国有资产管理新体制、新框架的基本形成，同时也意味着从国家整体战略层面调整国有经济布局和结构有了实质性推进，国有企业改革真正进入以战略调整为主要特征的阶段。

第二，通过国有企业战略调整促进国有资本向关系国家安全、国民经济命脉的重要行业和关键领域集中。

党的十六大以来，在国务院国资委等部门的推动下，国有企业通过联合重组、主辅分离、职能剥离等一系列战略调整，促进国有资本不断向关系国家安全、国民经济命脉的重要行业和关键领域集中。针对整体上国有经济分布仍然过宽、产业布局和企业组织结构不尽合理、一些企业主业不够突出、核心竞争力不强等问题，2006年，国务院国资委制定了《关于推进国有资本调整和国有企业重组的指导意见》，指出要"推动国有资本向重要行业和关键领域集中，增强国有经济控制力，发挥主导作用"。其中，重要行业和关键领域主要包括：涉及国家安全的行业，重大基础设施和重要矿产资源，提供重要公共产品和服务的行业，以及支柱产业和高新技术产业中的重要骨干企业。还指出要加快国有大型企业的调整和重组，通过国有企业强强联合、资产和业务整合等措施，充分发挥国有资产的整体效能，提高国有企业的规模经济效应。2007年，党的十七大报告提出要"深化国有企业公司制股份制改革，健全现代企业制度，优化国有经济布局和结构，增强国有经济活力、控制力、影响力"。2010年，国务院印发的《关于促进企业兼并重组的意见》提出，要"通过促进企业兼并重组，深化体制机制改革"，"加快国有经济布局和结构的战略性调整，健全国有资本有进有退的合理流动机制"。同时提出，"培养一批具有国际竞争力的大型企业集团，推动产业结构优化升级"。2012年，党的十八大报告进一步强调要"深化国有企业改革，完善各类国有资产管理体制，推动国有资本更多投向关系国家安全和国民经济命脉的重要行业和关键领域，不断增强国有经济活力、控制力、影响力"。

可见，如何更好地发挥国有企业的功能仍然是这一时期国有企业战略调整的一条主线，国有企业的战略调整始终以搞好整个国有经济为出发点，以发挥国有经济的主导作用为目标。[①]这一阶段国有企业的功能如何，集中体现为国有企业具有怎样的活力、控制力和影响力，集中体现为国有资本能否在关系国家安全、国民经济命脉的重要行业和关键领域居于主导地位。国有企业的战略调整不是仅局限于企业层面，而是扩展到国有资本层面，通过国有资本合理流动、优化配置，调整国有经济在不同行业、不同领域的分布，从而在整体上更好地发挥国有企业的主导作用。

**（四）以资本运营为主要特征的改革阶段（2013年以后）**

随着国有企业改革继续深化，我国开始探索国有经济管理模式从管资产向管资本转变。2013年，《中共中央关于全面深化改革若干重大问题的决定》（以下简称《决定》）第一次明确提出"以管资本为主加强国有资产监管"，标志着我国国有经济管理模式实现从管资产向管资本的转变，也标志着国有企业改革进入以资本运营为主要特征的改革阶段。

第一，加强国有资本运营，深化国有企业改革。

"资本"一词在《决定》中一共出现了37次，是出现频率最高的词之一。在全面深化改革的总目标中，提出"让一切劳动、知识、

---

[①] 符延军，王晓东.国有经济的战略调整与国有企业的进与退研究[J].当代经济研究，2004（6）：27.

技术、管理、资本的活力竞相迸发"。将资本与劳动、知识、技术、管理等放在同等重要的地位提出来，不仅表明我国坚定市场化改革的方向，紧紧围绕使市场在资源配置中起决定性作用深化经济体制改革，同时也表明资本在当前我国改革和发展过程中具有重要作用，要进一步激发资本的活力。

《决定》针对国有资本运营提出了具体要求："完善国有资产管理体制，以管资本为主加强国有资产监管，改革国有资本授权经营体制，组建若干国有资本运营公司，支持有条件的国有企业改组为国有资本投资公司。国有资本投资运营要服务于国家战略目标，更多投向关系国家安全、国民经济命脉的重要行业和关键领域，重点提供公共服务、发展重要前瞻性战略性产业、保护生态环境、支持科技进步、保障国家安全。""国有资本加大对公益性企业的投入，在提供公共服务方面作出更大贡献。"另外，还提出"划转部分国有资本充实社会保障基金。完善国有资本经营预算制度，提高国有资本收益上缴公共财政比例，二〇二〇年提到百分之三十，更多用于保障和改善民生"。

2015年，中共中央、国务院印发的《关于深化国有企业改革的指导意见》也专门提出要以管资本为主完善国有资产管理体制。具体包括：以管资本为主推进国有资产监管机构职能转变；以管资本为主改革国有资本授权经营体制；以管资本为主推动国有资本合理流动优化配置；以管资本为主推进经营性国有资产集中统一监管。通过加强国有资本运营，放大国有资本功能，优化国有资本结构，提高国有资本配置和运行效率。

第二，在分类基础上准确界定国有企业功能是加强国有资本运营的关键环节。

合理分类与准确界定不同国有企业功能是当前全面深化国有企业改革的突破口和重要内容。国有经济管理模式由资产管理转向资本运营的背景下，在分类基础上准确界定国有企业功能就成为加强国有资本运营的关键环节。

《关于深化国有企业改革的指导意见》明确提出要"分类推进国有企业改革"，"根据国有资本的战略定位和发展目标，结合不同国有企业在经济社会发展中的作用、现状和发展需要，将国有企业分为商业类和公益类"。在合理分类基础上准确界定不同类型国有企业的功能，有利于国有资本在不同产业和不同行业的合理配置，激发国有资本活力，提高国有企业经营效率，从而不断增强国有资本控制力、带动力和影响力，发展壮大国有经济。

我国国有企业通过改革总体上实现了扭亏为盈，基本实现了与市场经济的融合，并逐渐做大做强，不仅在改革实践上取得了巨大成就，而且在改革理论上也取得了重大突破，巩固了中国特色社会主义制度的经济基础，发展了中国特色社会主义制度的理论体系。然而，我国国有企业仍然面临着公有制与市场经济如何进一步融合、如何完善现代企业制度、如何实现国有资产保值增值、如何加强国有资本的运营与监管等一系列问题，国有企业改革任务依然十分艰巨。因此，国有企业改革只有进行时，没有完成时，国有企业改革仍然是当前和今后很长一段时间我国全面深化改革的重点之一。

## 第二节　我国国有企业功能定位历史演变的基本特点及主要问题

### 一、我国国有企业功能定位历史演变的基本特点

随着历史的发展、时代的变迁，我国国有企业功能定位也随之演变和调整。基于上述对我国国有企业功能定位历史演变的梳理和总结，可以发现其基本特点如下。

第一，国有企业在我国社会主义经济社会发展过程中始终发挥不可替代的功能。中国共产党将马克思主义基本原理与我国的具体实践相结合，使我国走上了社会主义道路，确立了以公有制为主体、多种所有制经济共同发展的社会主义初级阶段基本经济制度。以国有企业为主体的国有经济始终是国民经济发展的主导，始终发挥不可替代的功能。《中华人民共和国宪法》第七条明确规定："国有经济，即社会主义全民所有制经济，是国民经济中的主导力量。"这就以国家根本大法的形式确立了国有经济不可替代的地位和功能，使国有经济的主导地位有了最高法律效力。从我国国有企业功能定位历史演变的实践来看，国有企业在我国社会主义经济社会发展过程中始终发挥不可替代的功能。改革开放前，国有企业作为执行国家计划的生产单位，为巩固新生的社会主义政权、完善社会主义制度提供了物质基础和制度支撑，对于我国较快地建成比较完整的工业

体系、启动国家工业化进程发挥了至关重要的作用，同时，国有企业的建立和发展极大地提高了广大人民群众的物质生活水平。改革开放后，随着计划经济体制向市场经济体制的转变，国有企业经历了一系列发展变革，在体制机制、数量、分布等方面与改革开放前相比都有了较大变化，但是，国有企业在国民经济发展中的主导地位和主导作用并没有因此改变。国有企业改革始终是我国经济体制改革的中心环节，历届党代会都强调国有企业的主导地位，历届国家领导集体都十分重视发挥国有企业的主导作用。国有企业在改革中不断发展完善，国有资产不断增值，经营绩效不断提高，国有企业的活力、控制力和影响力不断增强。

第二，我国国有企业功能随着经济体制的变革和社会发展阶段的变迁而不断演变。国有企业功能定位在根本上与国家制度紧密相关，具有制度内生性和共生性，而从外在表现来看，则直接与国家经济体制和社会发展阶段相关联，具有现实性和动态性。在改革开放前和改革开放后两个发展阶段，我国实行两种不同的经济体制，即社会主义计划经济体制和社会主义市场经济体制，从计划经济体制向市场经济体制转变的过程中，国有企业功能定位也随之演变。在计划经济体制下，国有企业作为国家生产计划的有力执行者，承担了重要的社会主义建设任务，为我国经济恢复和快速发展做出了重大贡献。但是计划经济体制下的国有企业相当于政府的附属机构，具有较强的政治属性和政治功能。国有企业规模过大、战线过长，体制机制僵化，同时还承担了大量的社会职能。也正是由于国有企业在特殊经济体制和社会环境下形成的这种特殊性质,所以导致了政府对国有企业管得过多、过严,企业缺乏效率和活力等问题。随着社会主义市场经济体制的建立和不断完善,传统计划经济体制下国有企业遗留下来的弊端不断暴露,国有企业越来越不适应市场经济的要求,因此,国有企业进行了一系列大刀阔斧的改革,国有企业的功能定位也随之发生变化。社会主义市场经济体制下的国有企业不再作为政府的附属机构,执行国家生产计划,而是更多地面向市场,作为自主经营、自负盈亏、相对独立的经济实体,逐渐融入市场经济的大潮中。国有企业的政治属性和政治功能有所削弱,经济属性和经济功能大大加强,尤其是作为市场竞争的主体,国有企业在参与国内市场竞争的同时,积极参与国际竞争,国际影响力不断提高。

第三,我国国有企业的功能不是单一的,而是多元的。从我国国有企业功能定位历史演变的过程中可以发现,国有企业的功能不是单一的,而是多元的,因此,要想正确认识国有企业的功能,不能仅从某个单一视角或者维度出发,必须对其进行多视角、全方位的综合解读和评价。这些视角和维度主要包括一般和特殊、宏观和微观、历史和现实、国内和国际等。既要认识到国有企业作为"企业"所具有的一般属性,又要认识到国有企业作为"国有"的特殊性质;既要从社会主义制度和国家整体利益层面把握国有企业的宏观功能,又要从企业自身发展和参与市场竞争层面把握国有企业的微观功能;既要正确评价国有企业在我国社会主义经济社会发展过程中所发挥的历史功能，又要准确定位当下国有企业应该发挥的现实功能；既要从我国经济社会发展的自身特点和发展规律出发认识国有企业的功能，又要着眼于国际视野全面把握国有企业的功能。因此，国有企业的功能构成了一个立体的、多维的网络，从任何单一的视角、单一的维度对国有企业的功能进行解读都会有所偏颇，全面正确认识我国国有企业的功能必须基于多视角、全方位的解读和评价。

## 二、我国国有企业功能定位历史演变过程中存在的主要问题

伴随着国有企业的改革，其功能定位发生了一系列演变，在这个过程中，国有企业在取得了一些基本经验的同时，也暴露出诸多问题，甚至很多问题直到今天仍然存在。概括起来，这些问题主要包括以下几点。

第一，国有企业承担了较多的政治功能和社会功能。纵观国有企业功能定位演变的两个历史过程，即改革开放前和改革开放后，国有企业功能定位虽然发生了一系列变化，但存在一个共同的问题，就是国有企业承担了较多的政治功能和社会功能。改革开放前，在高度集中的计划经济体制下，国有企业通过执行国家各项生产计划指令，完成国家生产任务，实际上相当于国家的生产单位，很显然具有很强的政治属性和政治功能。因此，这时国有企业追求的不是经济效益，而是努力完成国家生产任务，国有企业从事生产经营与

执行国家任务的职能具有内在一致性。当然，这种情况的出现具有一定的历史必然性和必要性。在中华人民共和国成立初期社会生产力水平较低的情况下，需要依靠国家的强大力量来组织生产，完成计划，从而进行社会主义建设。另外，在这种体制下，国有企业不仅是国家的生产单位，而且是党和国家的基层组织，承担着广泛的社会功能。这也就是我们经常听到的"企业办社会"，国有企业就像一个小社会，集就业、教育、医疗、养老等社会功能于一体，为企业职工提供"从摇篮到坟墓"的全方位社会服务。改革开放后，随着计划经济体制向市场经济体制的转变，国有企业经过放权让利、抓大放小、战略调整等一系列改革，开始面向市场，逐渐向自主经营、自负盈亏、相对独立的经济实体转变，但仍然具有明显的政治功能和社会功能，只是表现形式有所不同。

第二，过分强调通过数量优势来发挥国有企业的功能。从我国国有企业总体布局和功能定位的历史演变来看，其大体经历了形成、发展、扩张和收缩等阶段。总体来看，国有企业功能的发挥过分依赖其数量优势。尤其是改革开放以前，国有经济比重过高，无论在数量、分布，还是规模上，国有经济在整个国民经济中都占绝对优势。国有企业不仅数量占绝对优势，而且广泛分布于几乎所有行业领域，呈现"大而散""多而乱"的局面。改革开放以后，随着市场经济的发展和完善，我国在鼓励发展民营经济的同时，大力引入外资经济，同时国有企业通过战略调整、兼并重组、优化布局等一系列改革，在数量、分布和规模上不再占据绝对优势地位，而是在关系国家安全和国民经济命脉的重要行业和关键领域占绝对优势，发挥主导和支配作用。国有企业在数量减少、布局和结构不断优化的同时，企业质量不断提高，通过相对优势发挥在国民经济中的控制力、影响力和带动力。尽管如此，从目前来看，国有企业在国民经济中分布的领域仍然过多、战线过长，在个别领域仍然通过数量优势发挥其主导作用。因此，需要继续通过战略调整来优化国有经济布局、增强其控制力，更重要的是在观念上改变对于国有企业主导作用的传统认识，由绝对数量优势向相对数量优势转变，使国有企业通过控制国民经济的关键变量来主导国民经济的发展。

第三，过分依靠政府力量来发挥国有企业的功能。由于国有企业具有全民所有的特殊性质，所以其与政府之间存在天然的内在联系。因此，国有企业与政府的关系问题一直是国有企业改革过程中的一个关键问题。从国有企业功能定位历史演变的过程来看，过分依靠政府力量发挥其功能是国有企业一直存在的问题。改革开放前，国有企业作为执行国家经济计划的生产单位以及党和国家的基层组织，与政府之间的密切关系不言而喻。国有企业没有自身的利益，企业生产什么、生产多少、如何生产，都不取决于企业自身，而是取决于政府的经济计划和行政安排，国有企业功能的发挥完全依赖于政府的行政权力和行政指令。当然，这种政企关系具有特定的历史背景和阶段特征，是计划经济体制的产物。随着市场经济体制的建立和不断完善，国有企业与政府之间的关系也不断调整。改革开放初期，我国采取放权让利、扩大企业自主权等措施，调整政企关系。1993年11月，党的十四届三中全会通过《中共中央关于建立社会主义市场经济体制若干问题的决定》，明确提出国有企业进一步改革的方向是建立现代企业制度，而现代企业制度的特征之一就是政企分开。通过建立现代企业制度，要使国有企业真正成为自主经营、自负盈亏、自我发展、自我约束的法人实体和市场竞争主体。之所以将政企分开作为现代企业制度的基本特征和目标之一，就在于国有企业在现实发展中存在严重的政企不分问题。直到今天，政企分开的目标仍然没有完全实现，根本问题还在于如何认识国有企业本身的性质和准确合理界定国有企业的功能。政企分开不在于政府与国有企业脱离关系，而在于如何确立政府与国有企业之间的正确关系，明确政府和国有企业在经济社会发展中的不同地位和发挥的不同功能。

# 第四章

## 他山之石：西方国有企业功能定位的理论与实践*

---

\* 本章核心内容已发表于《思想理论教育导刊》2015年第7期。

社会主义国家将国有企业作为社会主义的重要标志，因此，社会主义国家大力发展国有企业并将其作为社会主义经济社会发展的主导力量。纵观西方资本主义发展历程，无论是在资本主义发展的早期，还是在现代资本主义发展时期，国有企业都大量存在。然而，与社会主义国家国有企业的功能定位相比，西方国有企业的功能定位无论在理论上还是实践中都具有明显差异。

## 第一节　西方学者关于国有企业功能的理论定位

### 一、国有企业是国家干预经济的有效手段

在西方资本主义国家，私人资本主导的企业在市场经济中占据主体地位，因此，国有企业的数量、存在的领域以及发挥的功能相对有限。在经济发展过程中，国家统计部门和社会统计机构对于国有企业的相关指标一般没有专门统计，西方学者对于国有企业的关注和研究也相对较少。但是，他们对于国有企业功能的认识较为一致，其中一个认识就是将国有企业视作国家干预经济的有效手段。

自由主义理论是西方经济学中长期占主导地位的理论，该理论认为，一个主要由私人生产者组成的社会，在市场的引导下，能够实现个人利益的最大化，也能够实现社会整体利益的最大化。也就

是说，依靠市场的力量可以自发地实现最优结果，而政府只需要作为"守夜人"，不需要对经济发展进行任何干预。在自由主义理论的信条下，国有企业没有任何存在的空间和必要。直到1929—1933年资本主义经济危机爆发，这种信奉自由市场的理论才受到质疑和挑战。这次经济危机告诫人们，市场并非万能，而是内在地存在难以克服的矛盾，需要政府适当加以干预，否则将导致危机发生。这次危机也直接促成了国家干预理论的兴起。国家干预理论的主要代表人物凯恩斯将自由市场难以克服的内在矛盾解释为"有效需求不足"，而解决"有效需求不足"的直接方法就是政府加强对经济的干预。

  西方关于国家干预经济发展的理论促进了国有企业在西方国家的建立和发展。第二次世界大战后，主要资本主义国家在国家干预理论的指导下加强政府对经济的干预，推行国有化政策，从而克服市场失灵，国家干预理论也成为国有企业产生和存在、发挥功能的重要理论基础。凯恩斯提出消除经济危机的最好办法就是加强国家对于经济的干预，即国家扩大公共投资，增加社会总需求，刺激个人消费和企业投资，通过刺激需求来达到充分就业。国家的刺激手段有多种形式，既有财政政策、货币政策，也有国有企业政策。凯恩斯的国家干预理论逐渐成为政府干预经济的理论依据，同时也成为论证国有企业存在及其功能的直接理论依据。新古典综合派的代表人物、美国经济学家阿尔文·哈维·汉森（Alvin Harvey Hansen）系统论述了国家干预经济的必要性，并最早提出了混合经济的概念，认为国有企业的功能定位是为政府调控经济服务，国有企业是公共资本的形态之一。[1]这为国有经济和国有企业的存在和发展提供了理论支撑，对于当前我国推进混合所有制改革仍然有一定借鉴意义。匈牙利政治经济学家卡尔·波兰尼（Karl Polanyi）则向我们展示了国家在市场经济发展过程中应该充当的角色和发挥的作用，认为抗拒经济动荡和市场萧条的社会需求会给国家带来压力，要求国家进行政治干预。

在国家干预理论的指导下，国家加强对经济的干预成为有效预防经济危机发生、确保经济良性运行的必要措施，其中国有企业则成为国家干预经济最为直接、重要和有效的手段。一方面，国家可以通过直接建立国有企业有选择地促进和主导某些关键部门或重要产业的发展；另一方面，国家还可以将国有企业作为实施财政政策的工具和载体，对经济发展进行更为直接的宏观调控。同时，国有企业还可以通过接管和控制自然垄断行业，减少信息不对称，实现自然垄断行业生产效率和分配效率的有机统一。因此，芝加哥学派的鼻祖、美国经济学家亨利·赛门斯（Henry Calvert Simons）也认为："就总体而言，国家将面临实质性的接管、拥有、直接管理的必要，无论是铁路还是其他公用事业，以及一切不能保持有效竞争的产业。"[2]

---

[1] 汉森.经济政策与充分就业[M].徐宗士，译.上海：上海人民出版社，1959：88.

[2] Simons H C.Economic policy for a free society[M].Chicago：University of Chicago Press，1948：51.

## 二、国有企业是矫正市场失灵的政策工具

在市场经济条件下，由于市场具有自身难以克服的缺陷，因而会出现失灵。国有企业具有弥补市场缺陷的功能，可以作为矫正市场失灵的一种政策工具而存在并发挥功能是西方学者普遍认同的观点。1929—1933年资本主义经济大危机以后，西方学者开始反思自由主义理论以及市场本身存在的缺陷，市场失灵理论也就此逐渐发展起来，成为国有企业在西方市场经济中存在并发挥功能的重要理论依据。

在主张市场失灵的西方学者看来，国有企业的存在和发展主要是为了解决市场失灵带来的问题，国有企业依据市场能否发挥作用而进退。当市场失灵导致经济出现危机时，则国有企业挺进；当市场运行平稳，经济发展良好时，则国有企业逐渐减少并退出市场。诺贝尔经济学奖获得者、美国经济学家约瑟夫·斯蒂格利茨（Joseph Eugene Stiglitz）认为，在市场失灵时，政府可以采用国有化的方式干预市场。他认为："面对市场失灵，政府可以干脆由自己负起责任来。例如，如果政府认为，在提供医疗保健方面存在市场失灵，它可以对医疗部门实行国有化，就像第二次世界大战以后英国所做的那样。如果政府认为，在空运和铁路行业中存在市场失灵，它可以对这些行业实行国有化，或者，对这些行业中令人不满的部分实行

国有化，由政府资金来经营。"[1] 在西方学者看来，国有企业是国家干预经济的有效手段，而这种手段只需要在市场出现失灵的时候和领域发挥作用，因此，他们在将国有企业看作矫正市场失灵的政策工具的同时，主张将国有企业控制在有限的数量和领域内。"经济学家一般都以严格的方式来看待政府服务的功能，这并不是因为他们是反对政府的，而是因为他们是赞成市场的……经济学家对于市场解决基本经济问题的能力的理解，使得他们怀疑政府是否应该承担更大的职能。"[2]

协作失灵（Coordination Failure）是市场失灵的另一个重要表现，国有企业也是有效解决协作失灵的政策工具。1943年，英国著名的发展经济学家保罗·罗森斯坦·罗丹（P.N.Rosenstein-Rodan）在其著名的论文《东欧和东南欧国家工业化的若干问题》中提出，东欧和东南欧国家经济不发达的主要原因在于存在大规模的协作失灵：投资无法进行是因为其他互补性的投资尚未进行，而后者尚未进行又恰恰是由于前者没有进行。基于此，他又提出了"大推动"（Big Push）思想，其核心就是在发展中国家或地区对国民经济的各个部门同时进行大规模协作性投资，以促进这些部门的平均增长，从而推动整个国民经济的高速增长和全面发展。政府通过组建各种类型的国有企业，从而完成大规模协作性投资成为最有效也是

---

[1] 斯蒂格利茨.经济学：上册[M].梁小民，等译.北京：中国人民大学出版社，1997：149.

[2] 同[1] 138.

最可行的政策选择。[①] 后来，德国发展经济学家阿尔伯特·赫希曼（Albert Otto Hirschman）以及奥地利经济学家亚历山大·格申克龙（Alexander Gerschenkron）进一步发展了这种思想。赫希曼认为政府可以通过直接建立国有企业来促进关键部门和主导产业的发展，格申克龙则将政府直接建立国有企业看作是后发国家动员资源和集中投资的制度选择。

实际上，一般情况下，国有企业是西方学者较少关注和研究的领域，只有当市场出现失灵时，国有企业才进入他们的视野。因此，他们仅仅把国有企业作为财政政策工具的一部分，认为国家可以通过国有企业实施财政政策。在政府调控经济的过程中，他们往往更加重视发挥税收、政府补贴、货币政策等财政工具的作用。

### 三、国有企业是提供公共产品和公共服务时的被动选择

在西方学者看来，国有企业存在的另外一个重要原因是国有企业可以承担提供公共产品和公共服务的功能。然而，由国有企业发挥这一功能不是政府主动的、必然的选择，而是在私人企业或组织无法完成的情况下的一种被动选择或次优选择。

西方经济学理论认为，以利己为行为动机的完全竞争的市场经

---

① Rosenstein-Rodan P N.Problems of industrialization of Eastern and Southeastern Europe [J].Economic Journal June-September, 1943, 53（210/211）：202-211.

济将会使社会达到资源配置的最优状态,但现实情况是通常无法达到完全竞争的市场经济所要求的条件。正如美国经济学家萨缪尔森所言:"现实中存在着许多情况,使市场达不到完全竞争的状态。其中三种最重要的是不完全竞争,如垄断,外部效应,如污染,以及公共物品,如国防和公路。在每一种情况下,市场失灵都会导致生产或消费缺乏效率,而政府则可以起到医治疾病的有用作用。"[1] 在这种情况下,次优理论认为,在不能全部满足完全竞争模型所要求的假设条件时,即使微观经济政策成功弥补了现实和假设条件之间的差距,政策的执行也不能保证实现帕累托最优。帕累托最优因为某些条件受到限制或破坏而未能实现,因而实现的某些条件被破坏后的最优结果被冠以"次优"。在西方资本主义国家,国有企业便是因无法实现帕累托最优而出现的次优选择。尤其是在提供公共物品、满足公共需要、关系民生的公共服务领域,私人企业做不了也不会去做的领域,为了实现社会平等和公平,增加社会福利,国有企业在提供公共产品和公共服务方面发挥了不可替代的作用。

美国经济学家、新制度学派的主要代表人物约翰·肯尼思·加尔布雷斯(John Kenneth Galbraith)提出的社会均衡理论也有力地支撑了这种观点。他指出,所谓均衡是指私人产品和服务与政府产品和服务供给之间令人满意的关系,只有加大政府产品和服务的供给,

---

[1] 萨缪尔森,诺德豪斯.微观经济学:第16版[M].萧琛,等译.北京:华夏出版社,1999:35.

才能改变社会失衡的状况，达到或基本达到社会均衡的状态。而国有企业正是政府产品和服务的最佳供给者。在他看来，市场经济条件下，仅仅依靠私人来提供社会所需要的产品和公共服务是不够的，长期发展下去必然会导致社会失衡，这是由市场经济的内在缺陷决定的，要弥补这种缺陷必须依靠市场以外的力量，于是国有企业成为提供公共产品和公共服务时的另一选择。

因此，西方国家建立和发展国有企业，从而提供公共产品和公共服务，往往不是主动选择和所谓的最优的理想选择，而是迫于市场内在缺陷的被动选择和次优选择。

通过以上分析可以发现，国有企业在西方资本主义发展过程中发挥着重要作用是很多西方学者的共识，在西方理论界可以找到国有企业存在和发挥功能的理论依据，包括直接的或者间接的。正如德国著名经济学家维尔纳·桑巴特（Werner Sombart）在《现代资本主义》一书中对国有企业做出的积极评价："国有企业对于现代产业形成的重要性是不可低估的。它们不仅是产业发展的模型，也是发展过程中新的组织形式。因某种需要而建立起来的国有企业，经常成为资本主义工业发展的催化剂。这些企业在资本主义发展过程中是重要而不能被忽视的，无论其概念基础是什么或者其今后发展有着千差万别的道路。"[1]

20世纪70年代以后，西方资本主义国家经济发展出现滞胀，

---

[1] 桑巴特.现代资本主义[M].李季,译.北京：商务印书馆,1958：28.

以凯恩斯主义为代表的国家干预理论以及发展经济学开始遭到质疑，新自由主义受到人们的追捧，并逐渐成为西方经济学界的主流思潮。以倡导经济自由、反对国家干预为核心的新自由主义认为，国有企业是国家干预经济的产物，在市场竞争中是无效的，因此从理论上否定国有企业，努力证明"国有企业无用论"。

新自由主义者试图否定市场失灵，从而消解国有企业存在的理论依据。新自由主义者认为，大多数情况下并不存在市场失灵，而所谓的市场失灵只是由于没有为市场发挥作用提供足够的空间。例如，公共产品和公共服务领域之所以出现市场失灵，往往是由于产权界定不清晰，导致无法进行正常的市场交易，清晰的产权可以通过将外部效应内在化，从而实现正常的市场交易，发挥市场机制的有效性。[1] 同时，新自由主义者认为即使存在某些市场失灵的情况，也可以通过其他方式解决，而不是直接建立国有企业。针对市场失灵，公共选择学派还提出了"政府失灵"的概念，认为政府失灵往往比市场失灵带来的问题更为严重。对于公共产品和公共服务，认为可以由私人企业以市场化的方式提供，同时政府加以管制，或者可以通过特许经营、招标等方式引入竞争，而不是直接由国有企业提供。即使通过市场提供公共产品和公共服务无法达到最优，也可能比国家通过国有企业提供的方式更有效率。

新自由主义者认为国有企业在微观上必定是无效率的，从而否

---

[1] Coase R.The problem of social cost[J].Journal of Law and Economics, 1960(2): 3.

定国有企业。在他们看来，只有清晰地界定产权才能有效降低交易费用，而国有企业的产权由于没有明确地界定到自然人身上，因此是模糊不清的，没有人真正为国有企业负责，由此得出国有企业必然无效率的结论。关于国有企业的效率问题，西方学者还进行了大量的实证分析，得出的结论大多是：国有企业在微观效率上远远不及私有企业。

由于微观效率是社会宏观效率的基础，因此，新自由主义者认为国有企业微观效率的损失必将影响社会的宏观效率。在他们看来，不仅国有企业自身是低效率的，而且国有企业的建立和广泛存在阻碍了国家整体经济的发展，直接导致了西方资本主义国家经济发展的停滞，同时还对其他社会事业的发展带来不利影响。

因此，在以新自由主义为主流的西方经济学中，国有企业基本失去了存在的理论依据和发展空间。然而，事实并非如此，国有企业在西方资本主义国家仍然存在并且在诸多领域发挥重要作用。这使得新自由主义者对于国有企业所下的结论缺乏说服力和可信度，同时，许多经济学家也就此与新自由主义者在理论上展开了激烈交锋，这种交锋一直持续至今，并且扩展到世界范围内。无论是国家干预理论还是新自由主义理论，西方理论界对国有企业功能的认识和争论都是在国家－社会或者政府－市场的基本框架下展开的，更为重要的是都没有超越资本主义的制度体系，因此，关于国有企业功能得出的结论也仅仅适用于资本主义国家的国有企业本身，同时这些理论认识的正确性与合理性还需要国有企业的发展实践来证实。

## 第二节 西方国家发挥国有企业功能的实践特点

西方学者从不同角度出发为国有企业的建立和发展进行了必要的理论阐释,而从西方国家经济发展的现实来看,国有企业也的确广泛存在并发挥重要作用。尤其是第二次世界大战以后,以国有企业为代表的国有经济在欧美等国的经济中占有很大比重,并且在经济发展中扮演了重要角色。世界银行1995年的报告显示,1978年在世界8个主要工业化国家中国有企业的比重达到8%,在发展中国家的比重则高达23%。尽管国有企业在不同国家中的数量、分布存在差异,但从国有企业的发展实践过程中我们依然可以总结出其发挥功能的基本特点。

### 一、通过国有企业实现对经济的必要干预

国家干预理论为西方国家国有企业的存在及其发挥对经济的干预功能提供了有力的理论支撑,西方国家经济发展的实践也进一步佐证了国家干预理论的合理性。西方许多学者认为,由于涉及国计民生的行业存在自然垄断,供应商可以通过提高收费标准来赚取高额利润。在这种情况下,就需要通过建立国有企业加以干预,并对

其进行严格的监管。事实上，几乎所有国家都通过国有企业在不同程度上实现对经济的必要干预。将国有企业作为国家干预经济的重要手段，各国的出发点和动因有所不同。西方国家通过国有企业实现对经济的必要干预主要存在两种情况：一种是应对战争和经济危机的需要；另一种是提供公共产品和公共服务的需要。

建立国有企业是应对战争和经济危机的需要。在私人企业占主导的西方国家，只有在一些特殊情况下才借助于国有企业对经济进行必要干预，战争便是其中一种特殊情况。早在第一次世界大战期间，为了应对战争的需要，西方各国创办了大量的军工企业，这些军工企业都是政府投资兴建的国有企业。例如，在第一次世界大战期间，为应对战争需要，英国政府投资创办了上百家军工企业，同时将铁路收归国有。在第二次世界大战期间，英国政府对工业的投资更是高达10亿英镑，其中大多是用于兴办军工企业、发展军事工业。经济危机的爆发也迫使西方国家通过建立和发展国有企业来加强对经济的干预，从而度过危机。1929—1933年经济危机期间，美国为应对经济危机，果断采取措施加强国家对经济的干预，投资兴建了一大批国有企业，主要从事公路、铁路、港口等基础设施建设和灌溉、运河、防洪等公共水利工程建设。建立和发展国有企业也成为后来资本主义各国应对经济危机的普遍做法，原因就在于国家通过国有企业能够实现对经济的有效干预。

建立国有企业是提供公共产品和公共服务的需要。在国民经济的各领域中，邮政、通信、水电、公共交通、国防、教育等部门的存在是为了满足社会对公共产品和公共服务的需求。由于这些领域具有非竞争性和非排他性，容易出现外部性和"搭便车"现象，同时又具有投资周期长、成本大、回报率小等特点，因此私人企业不愿进入或无力进入，这种情况下仅仅依靠市场力量自发调节就无法满足社会对公共产品和公共服务的需求，也就是出现了"市场失灵"。这时，政府通过在这些领域创办国有企业来提供公共产品和公共服务，从而发挥干预经济发展、调节市场供给、弥补市场失灵等功能。另外还有一些领域存在较强的外部性，如科技研发和创新，这些领域的外部性问题也使得市场难以引发私人企业的投资，而政府通过建立国有企业直接投资到科技研发和创新中，从而将科技研发和创新的外部性问题转化为解决投入不足的问题。[①]

当然，西方国家通过国有企业对经济进行干预远不止以上概括的两种情况，国有企业作为经济干预工具还被广泛用于实施货币政策和财政政策、调整产业布局和产业结构、防止私人垄断、维护社会稳定等方面。与社会主义国家的国有企业具有很大不同，西方国有企业在国民经济中的作用仅限于调节和干预经济，而不是发展经济，更不是主导经济的发展。西方国有企业实际上是国家调节和干预经济的一种工具。同时，西方国有企业发挥调节和干预作用的经济领域是有限的，仅仅是一些私人企业不愿或无力进入的领域。因

---

① Arrow K J.The economic implications of learning by doing [J].Review of Economic Studies, 1962, 29 (80): 155.

此，我们说西方国家通过国有企业对经济进行必要干预而非必然干预。

## 二、国有企业是西方国家推行国有化和私有化的重要工具

从产生的途径来看，西方国家的国有企业主要有两种：一种是国家投资兴建的国有企业，如为应对战争和经济危机而投资建立的国有企业；另一种是通过推行国有化，将私人企业收归国有而产生的国有企业。纵观西方资本主义国家的经济发展历程可知，伴随经济危机的周期性爆发，西方各国都曾先后经历国有化和私有化的浪潮，无论是国有化还是私有化，其对象都是国有企业，国有企业成为西方国家推行国有化和私有化的重要工具。下面主要通过考察美国和英国两个典型的资本主义国家国有企业的发展历程，来分析在国有化和私有化的浪潮中国有企业如何体现其重要的工具功能。

美国国有企业发展至今大致经历了四个阶段：起步阶段、国有化阶段、私有化阶段和再次国有化阶段。美国国有企业的产生可以追溯到19世纪中叶联邦政府在华盛顿建立国家博物馆，但是国家博物馆并非传统意义上的国有企业，而更像是具有慈善性质的政府机构。第二个阶段即国有化阶段是美国国有企业发展的关键时期，这个阶段的国有企业主要是第一次世界大战期间为适应战争需要和1929年经济危机后为应对危机而建立。由于国有企业大多产生于特

殊历史时期或为实现特殊目的，因此分布的领域也相对集中和有限，尤其是为应对经济危机而建立的国有企业，如1933—1935年建立的公共工程管理局、国民工程管理局、工程发展局等，主要涉及金融、保险、邮政、电力以及基础设施等行业和领域。随着经济危机的消退，美国经济持续发展，直到20世纪70年代开始出现"滞胀"。为走出"滞胀"，里根、布什、克林顿、小布什等美国历任总统接力推进私有化改革，私有化改革的对象主要是国有企业，采取的方式多样，内容较为彻底，这是美国国有企业发展的第三个阶段即私有化阶段。2007年，美国爆发了次贷危机并很快波及全球，为应对危机，美国再次掀起了国有化浪潮。一是将对社会影响极大的金融机构国有化，如房利美、房地美、国际集团、花旗集团、高盛银行、摩根大通银行等。二是将对社会影响极大的实业公司国有化，如美国政府帮助通用汽车公司重组，使其成为国有控股公司。通过这些国有化措施，美国有效应对了危机，避免了整个经济的崩溃，国有企业再次成为美国应对危机的重要工具和手段。

英国国有企业的发展历程与美国大致相同，也分为起步阶段、国有化阶段、私有化阶段和再次国有化阶段。英国早期建立的国有企业是为了应对战争需要，主要集中在军工领域，如皇家兵工厂和皇家船舰修建所。后来，由于1929年经济危机的影响，英国政府加大了对经济干预的力度，掀起了大规模的国有化运动。经过此次国有化运动，英国煤炭、造船、电力、煤气、铁路等领域的国有企业比重为100%，钢铁和航空领域达到75%，汽车制造和石油化工领域也分别达到 50% 和 25%。[①] 由于这一阶段国有企业在经济危机的背景下建立，是国家干预经济的产物，因此，主要集中于基础设施和基础工业，对于英国走出危机产生了至关重要的作用。20 世纪中期以后，英国经济也开始出现滞胀状态，并且持续了近 30 年。1979 年，撒切尔当选英国首相，开始了轰轰烈烈的"撒切尔革命"，国有企业私有化是其主要内容之一。"撒切尔革命"使英国的滞胀得到有效抑制，企业效益提高，经济重新稳步前进，但同时也造成了贫富差距拉大、民众不满情绪增加等一系列社会问题。英国也是 2007 年美国次贷危机最先波及的国家，为了应对危机，英国政府对影响最大的金融机构进行了国有化，例如，通过收购金融机构资产、重组等方式，实现了对诺森罗克银行和苏格兰皇家银行的绝对控股。

通过考察美国和英国国有企业的发展历程可以发现，西方国家的国有化是在资本主义私有制为主体的基础上的个别企业国有化。无论是国有化阶段还是私有化阶段，主要对象都是国有企业，并且具有明显的应急性和明确的指向性，因此，国有企业仅仅是西方国家推行国有化和私有化的一种工具和手段。这就决定了西方国有企业存在的领域非常有限，主要存在于应对战争需要的军工领域及存在市场失灵的基础设施行业和公共服务领域。西方国有企业伴随着国有化和私有化的交替而发展演化，国有化和私有化的交替出现证

---

① Vickers J, Yarrow G.Privatization：an economic analysis [M].Cambridge：The Mit Press, 1988：46-47.

明了国有企业在这个过程中所发挥的工具功能和补充作用。经济危机发生，大规模推行国有化，国有企业纷纷建立；经济危机一旦结束，国有企业规模大大收缩，甚至出现大规模私有化运动。即使是为应对战争或者经济危机而推行国有化的时期，国有企业在西方国家存在的领域和所起的作用也非常有限。

## 三、国有企业最终为资本主义经济体系服务

生产力与生产关系的辩证统一是马克思主义的基本原理，也是马克思主义分析问题的重要方法论原则，全面认识西方国有企业必须坚持生产力与生产关系辩证统一的方法论原则。从生产力的角度分析，我们发现西方国有企业是西方国家干预经济的必要手段，是推行国有化和私有化的重要工具。从生产关系的角度分析，西方国有企业从根本上体现资本主义社会的制度属性。

企业是在一定的生产关系中产生和发展的，因此，必然反映这种生产关系的性质和特点。西方国有企业是资本主义制度下的企业，从根本性质上来看，是资本主义私有制的产物，具有资本主义本质，体现的是资本主义生产关系，最终为资本主义经济体系服务，为维护资本主义制度服务。西方国有企业的根本性质决定了其在国民经济中的功能、数量以及分布。从功能上看，西方国有企业在整个国民经济中不居于主体地位，不起主导作用，只是国家干预经济的一种工具和手段，仅仅起调控和补充作用。尤其是在战争来临和经济

危机爆发时而建立的国有企业，带有明显的暂时性和应急性，战争结束、经济危机缓和后，很快又被私有化。为应对市场失灵而建立的国有企业也仅仅作为资本主义市场经济中私人企业的必要补充，存在于私人企业不愿进入或无力进入的领域。从数量上看，西方国有企业在经济中所占的比例不高，一般在5%~15%。从分布上看，西方国有企业分布的领域十分有限，主要分布于存在市场失灵的有限领域，如邮政、军工、电力、公共交通等基础行业和公共领域。例如，2009年10月1日《文摘报》上的资料显示，美国90%的社会资产为私人拥有，国有企业只有40多家，生产总值仅占全国GDP的5%[1]，主要分布在邮政、军工、电力、铁路客运、空中管制、环境保护、博物馆和公园等基础行业和公共领域。英国的GNP中国有企业所占份额较大的1980年也仅为11%，到了20世纪90年代则只有2%左右，产值占国内生产总值的4%，在职人员在整个就业人数中所占的比例仅为2.5%，而且英国屈指可数的国有企业也主要集中于电力、钢铁、造船、航空、机场、天然气、公共交通等基础行业和公共领域。[2]

西方国有企业虽然本身不是政治发展的产物，也不作为资本主义制度的经济基础，但是国有企业是国家出资兴建的，归国家所有，资本主义国家的性质决定了国有企业的性质，从而决定了国有企业

---

[1] 杨世国.中美国企的差异及启示[J].企业文明，2012（7）：39-42.
[2] 佚名.英国如何管理国有企业[J].现代企业，1994（5）：36.

的功能、数量和分布等。从资本主义国家性质和资本主义制度的视角出发分析西方国有企业的性质和功能，而不仅仅将其看作国家干预经济的手段或者推行国有化和私有化的工具，有助于我们对西方国有企业进行更为深刻、全面的认识和把握。

## 第三节　中西方国有企业功能定位的逻辑比较

### 一、理论逻辑比较

中西方国有企业产生、存在的不同理论基础和依据决定了其性质和功能存在巨大差异。社会主义公有制理论是中国国有企业产生、存在并发挥功能的理论基础和理论依据；西方国有企业则是基于国家干预理论和新自由主义理论的交替演进、长期博弈而产生、存在并发挥功能。

中国国有企业的产生、存在及其功能定位与社会主义公有制之间有着内在的必然联系。作为社会主义国家，我国国有企业基于社会主义公有制的理论逻辑而产生，是社会主义公有制的基本实现形式。马克思、恩格斯设想未来社会要实现社会主义公有制；实现社会主义公有制，只能通过政治统治逐步夺取资产阶级的全部生产资料，把生产资料变为国家财产，建立国家所有制，即采取国家所有制的形式。这些是中国国有企业存在和发展的理论依据和思想前提。国有企业成为国家所有制，进而成为社会主义公有制的基本实现形式，并发挥其在经济、政治、社会等各方面的强大功能。

从理论逻辑上分析，西方国有企业的性质和功能是国家干预理论和新自由主义理论长期博弈的结果。国家干预和新自由主义两大理论思潮贯穿于近代西方经济的发展过程，这两种理论思潮的长期存在、演化和博弈对于当今资本主义经济社会产生了极其深刻的影响，西方国有企业在经济发展的不同时期发挥的不同功能体现了这两种理论交替演进和相互博弈的过程。新自由主义理论强调自由市场，反对国家对经济不必要的干预；国家干预理论的核心则是主张国家对经济进行干预和调节。这两种矛盾对立的观点和政策主张因国家所处的不同发展阶段而成为决策者制定经济政策的不同依据，并且转化为对待国有企业的不同态度和政策措施，影响并制约国有企业在不同阶段发挥的功能，西方国家国有化和私有化的交替出现正是这两种理论思潮的博弈影响国有企业功能的最好证明。两种理论所坚守的同一制度前提就是资本主义的私有制，虽然二者的理论倾向不同，所采取的政策主张不同，但都有同一个服务目的，即维护和发展资本主义的私有制。

## 二、制度逻辑比较

中西方国有企业产生、存在的不同制度逻辑制约着其性质和功能。中国国有企业产生于社会主义制度中，是社会主义公有制的基本实现形式；西方国有企业建立和发展于资本主义制度中，是巩固资本主义私有制的辅助形式。

作为社会主义国家，我国国有企业的产生及其功能的发挥不仅体现了社会主义公有制的理论逻辑，也符合社会主义的制度逻辑。社会主义国家的性质决定国有企业的性质，社会主义的制度安排决定国有企业的功能定位，这种制度逻辑集中体现在我国的宪法和党的重要文件中。《中华人民共和国宪法》第六条规定："中华人民共和国的社会主义经济制度的基础是生产资料的社会主义公有制，即全民所有制和劳动群众集体所有制。"第七条明确指出："国有经济，即社会主义全民所有制经济，是国民经济中的主导力量。"党的十五届四中全会通过的《关于国有企业改革和发展若干重大问题的决定》明确指出："国有企业是我国国民经济的支柱。发展社会主义社会的生产力，实现国家的工业化和现代化，始终要依靠和发挥国有企业的重要作用。"党的十六大报告指出："国有企业是我国国民经济的支柱。""发展壮大国有经济，国有经济控制国民经济命脉，对于发挥社会主义制度的优越性，增强我国的经济实力、国防实力和民族凝聚力，具有关键性作用"。党的十七大和十八大报告都强调"巩固和发展公有制经济"，"增强国有经济活力、控制力、影响力"。

西方国有企业产生于资本主义制度中，它的性质受资本主义社会制度的制约，其存在和功能的发挥是为了维护资本主义基本经济制度。当资本主义经济危机发生时，西方国家利用国有企业化解危机，危机过后即着手开展私有化运动。因此，西方国有企业一般占比很低，存在于有限的领域，不可能像我国的国有企业那样成为经济的主体并发挥主导作用。

## 三、实践逻辑比较

中西方由国家性质、社会制度和具体发展阶段决定的不同经济社会发展实践影响着国有企业的性质和功能。当前，在经济全球化背景下，中西方经济社会的不同发展实践主要体现为资本的不同性质和资本运作的不同目的，国有企业作为中西方都采用的一种资本运作方式，其性质和目的截然不同。

资本运作的主体与资本运动的主体不同，它是运作资本的社会主体，社会主体的目的和利益是通过对资本的运作，形成资本的运动来实现的。社会主义社会与资本主义社会的区别不在于有没有资本，而在于资本体现和反映着什么样的社会经济本质。社会主义企业的资本运动为社会主义服务，资本主义企业的资本运动为资本主义服务，这是由于社会经济系统的性质规定着资本运动的目的。[①] 在西方资本主义发展实践中，遵循资本逻辑，资本占主导地位，资本家集团的利益成为国家利益的核心。国家权力为资本家集团服务，体现的是资本对社会的主导和驾驭。在中国社会主义发展实践中，

---

① 王宏波.资本的双重属性与经济全球化的两种走向[J].教学与研究，2002（8）：35.

国有企业是重要的市场主体，体现的是社会对资本的驾驭、管理和运作，通过资本社会化与交叉渗透，使资本为社会主义国家和全社会服务。虽然西方资本主义的国有企业也可以看作资本社会化的一种形式，但在资本主义的社会制度中，资本的社会化过程受到了资本主义制度的限制；在社会主义制度下，社会主义公有制的制度安排为资本的社会化开辟了广阔的社会空间。同时，由于社会性质的不同，资本主义的资本运动过程体现的是劳动剥削关系，社会主义的资本运动过程体现的是劳动合作关系。[①]

由此可见，社会制度不同决定了在具体的社会发展实践中资本的性质和资本运作的目的有所不同。虽然中西方国有企业都采用资本运动的一般形式，但其体现的社会性质和发挥的功能存在很大差异。在社会主义条件下，国有企业可以也应该成为市场主体，成为运作资本的主体，从而在社会主义经济社会发展中起主导作用；而在资本主义条件下，私人资本家利益至上决定了资本主义的国有企业不可能成为其制度基础，不可能主导经济发展，只能作为市场失灵的补充和干预经济的工具而存在。

通过以上分析可知，中西方国有企业的性质具有根本性的差异，其在经济社会发展中所发挥的功能和作用也截然不同。中国国有企业是社会主义全民所有制企业，具有政治、经济、社会的本体属性，

---

① 王宏波.经济全球化与资本范畴的一般化[J].西安交通大学学报（社会科学版），2001（4）：8.

发挥着不可替代的功能和作用，国有企业大量存在和做强做大是一种常态；西方国有企业作为资产阶级政府所有的特殊企业，是政府调控经济的一种手段，其本质属性是工具属性，仅仅发挥工具功能和辅助作用，具有可替代性，可有可无，可多可少。

中西方国有企业在理论、制度、实践三重逻辑上的差异决定了国有企业的性质和功能截然不同，因此中西方对待国有企业的态度和对国有企业改革思路的选择也有所不同。基于我国国有企业的特殊性质和不可替代的地位作用，要坚决反对不顾我国历史与现实的实际情况而盲目借鉴西方国有企业改革发展的经验，坚决反对任何将国有企业私有化的主张，坚决反对企图削弱国有企业主体地位和主导作用的做法。同时，也要解放思想，推动理论创新，更新传统的国有企业观念，科学理解社会主义市场经济中国有企业的主体地位和主导作用，充分认识国有资本的地位、意义和作用，探索和掌握国有资本运营和管理规律。正如习近平总书记指出的："国有企业不仅不能削弱，而且还要加强。"而当前加强国有企业的重点是积极探索国有企业混合所有制改革，具体来说，包括如何把握国有企业混合所有制改革的方向、如何通过混合所有制改革增强国有企业的活力以及如何控制国有企业混合所有制改革的风险。

# 第五章

# 问题之核：我国国有企业功能的界定与表现

我国国有企业经过四十多年的改革发生了巨大变化，尤其是在经济全球化的大背景下，国有企业功能定位有了新的内涵、新的特点，当前国有企业功能定位应该随着国内国际环境的变化而深化。我国是社会主义国家，马克思主义关于国有企业的功能定位为我国国有企业的建立和发展提供了根本指导，我国国有企业的功能定位体现了马克思主义关于国有企业的功能定位在社会主义实践中的新发展。西方学者关于国有企业的功能定位以及西方国有企业的发展实践，也为当前我国国有企业功能定位提供了有益的借鉴和启示。因此，一方面，我国国有企业功能定位必须坚持马克思主义的基本立场和观点；另一方面，还要借鉴和吸收西方国有企业功能定位理论和实践的有益成果。

## 第一节　国有企业为社会主义公有制经济提供制度支撑

公有制为主体、多种所有制经济共同发展是我国社会主义初级阶段的基本经济制度，国有企业作为公有制经济的主要组成部分，为社会主义公有制经济的发展提供了最重要的制度支撑，不仅从根本上决定了我国社会主义公有制的实现程度，而且影响着中国特色社会主义的发展程度。

## 一、国有企业是社会主义公有制的实现主体

社会主义公有制是在否定资本主义私有制基础上产生的一种新型生产关系,这种新型生产关系的建立、发展和完善,需要经历一个漫长的过程。全民所有制是公有制的一个不可缺少的基本形式。对于仍然处在社会主义初级阶段的中国而言,国有企业是全民所有制的唯一形式,是社会主义公有制的实现主体。然而,由于社会生产力发展的不平衡性与多层次性,不可能在所有领域和经济生活的所有层面都实行国有制,我们承认并允许发展其他各种所有制的经济形式。但是,体现社会主义性质和承担人民群众根本利益的经济载体的经济形式首要的是国有企业。

在社会主义市场经济条件下,国有企业性质和功能的体现、作用的发挥必须与市场经济相协调。在我国经济发展过程中,随着经济结构的调整、经济增长方式的转变,国有企业作为社会主义公有制的实现主体,其主体地位的表现形式也在发生着变化。国有企业作为社会主义公有制的实现主体,其主体地位主要体现在国有经济结构的系统特征上。

第一,国有企业的主体地位实现了由数量优势到质量优势的转变。改革开放以来,我国国有企业数量虽然呈下降趋势,国有资产却逐年递增。国有企业数量从1997年的262000户减少到2009年的110000户,之后有所增加,截至2013年为155000户。然而,国

有资产从1997年的124975.2亿元增加至2013年的1041000.0亿元，增长了7倍多，年均增长57251.55亿元。2003年以前增速较慢，2003年以后增长迅速（见图5-1）。

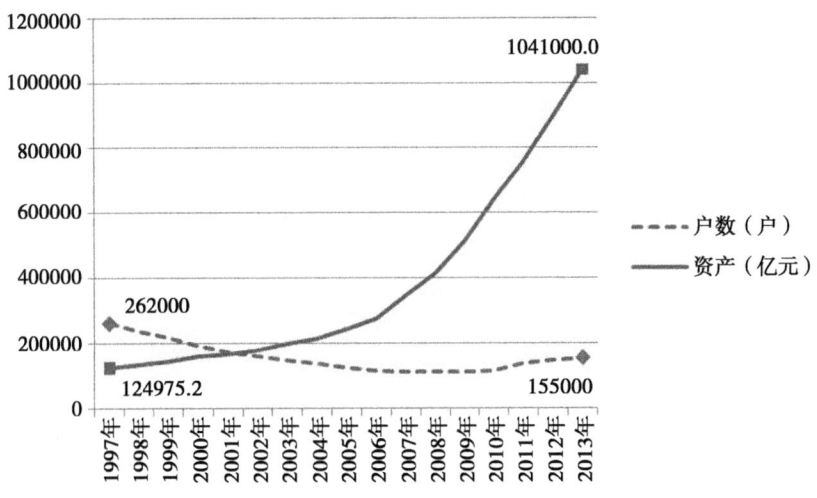

**图5-1　1997—2013年国有企业数量和资产变化情况**

资料来源：根据中国经济与社会发展统计数据库数据整理。

第二，国有企业的主体地位实现了在资产分布结构变化基础上由绝对比重优势到相对比重优势的转变。我国国有企业资产主要分布在工业领域，而在工业企业资产中国有企业资产的比重总体呈现下降趋势，从2001年的63.6%降至2011年的42.2%，由50%以上的绝对比重优势转变为50%以下的相对比重优势（见图5-2）。

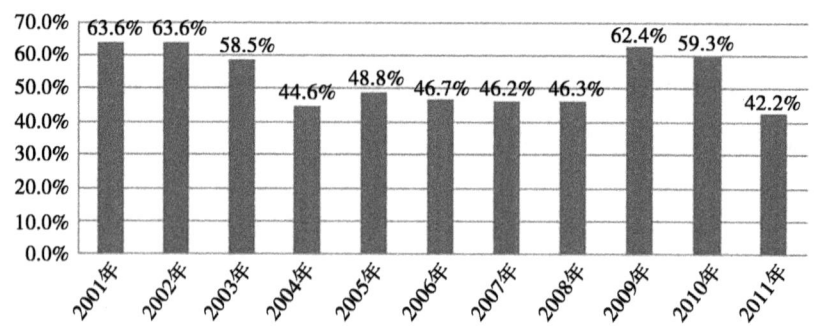

图 5-2　2001—2011 年工业企业资产中国有企业资产比重变化情况

资料来源：根据中国经济与社会发展统计数据库数据整理。

然而，国有企业资产的分布结构发生了变化，国有资产主要集中在关系国家安全、国民经济命脉的重要行业和关键领域，国有企业的主体地位实现了由全面控制到重点控制的转变（见图 5-3）。从图 5-3 中可以看出国有企业资产在一般行业、支柱行业、重要行业的比重差异。2012 年，分布在食品制造、纺织、木材加工等一般生产加工行业的国有企业资产比重降至 11.9%，分布在支柱行业的国有企业资产比重升到 50.6%。经过多年的产业结构调整和布局优化，国有经济在关系国民经济命脉、国家安全和国计民生的重要行业和关键领域起主导作用。在军工、电信、民航、石油及天然气开采、电力供应领域，国有经济约占 90.0%。[①] 从 2001 年到 2011 年，国有经济布局结构发生根本性变化，2012 年 39 个工业行业中

---

① 国务院国有资产监督管理委员会党委. 坚定不移地推进国有企业改革发展［J］. 求是，2012（10）：14-17.

国有企业产值占比超过50%的只有6个,有18个行业的占比已经低于10%,国有资本更多地向关系国民经济命脉和国家安全的重要行业和关键领域集中,国有经济的活力、控制力、影响力不断增强。

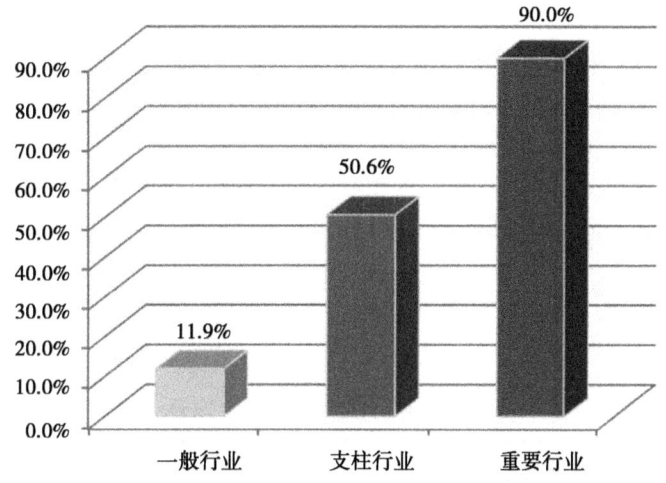

图5-3 2012年国有企业资产在不同领域比重情况

根据系统控制论的观点,为达到同一个目标,存在着许多控制策略,要使系统按希望的方式运行,完成预定的任务,应该正确地选择控制方式和控制变量。要控制整个系统,并非要控制所有变量,而是要控制关键变量,关键变量决定系统的性质和发展方向,是控制的着力点。因此,作为社会主义公有制主要形式的国有企业,要控制整个国民经济系统,发挥国有经济的主导作用,就要控制关键变量,即在关系国家安全、国民经济命脉的重要行业和关键领域占50%以上,占据主体地位。这也符合生产关系与生产力相互协调统一的关系原理，生产力社会化程度高的领域和行业，生产关系的社会化程度也高，实行国有化的条件好，因此，国有经济的比重高。

## 二、国有企业是国有资本的运营主体

国有企业是国有资本的运营主体，通过资本管理实现主导作用。2013年，《中共中央关于全面深化改革若干重大问题的决定》（以下简称《决定》）强调，坚持公有制主体地位，发挥国有经济主导作用，不断增强国有经济活力、控制力、影响力。同时提出，完善国有资产管理体制，以管资本为主加强国有资产监管。把公有制经济形式和市场机制相结合，必然会引出国有资本的概念，而国有企业正是国有资本的运营主体。公有制为主体应当是公有制经济为主体，只有公有制经济居主体地位，国有经济才起主导作用。判断控制力和影响力，就是看国有资本的主导作用、控制力和影响力，还要看所有制性质，看所体现的经济关系、人与人之间的关系的本质。因此，应该从国有企业是国有资本运营主体的角度理解国有企业的地位和作用，这是马克思主义公有制经济理论在社会主义市场经济条件下的创新和发展。

资本有两重性，即本然属性和他然属性。资本的本然属性是资本自身所具有的属性。资本自身的属性是资本成为资本其自身所具有的属性，是资本作为自己运动的主体所具有的自己运动的规律性。这种属性表现为资本要不断扩张、变化形态、规避风险、实现价值增值。资本的他然属性是指因资本运作的社会主体不同而具有的属性。资本的他然属性表现为资本归谁所有、资本收益分配权属的规定性，这是资本的运作主体在驾驭资本的运动时所表现出来的属性。这是一个双重属性的叠加，如果资本运作主体重视、肯定并利用资本的本然属性，顺应资本运动的规律性，引导资本良性运行，实现合理合法的增值，资本就能在经济社会发展中起重要作用。[1] 在社会主义市场经济条件下，资本由国家或者社会通过自己的代表进行运作与经营。国家或者社会通过对资本的管理和调控，主导资本的运作方式，调控资本的运动方向，规避资本的运营风险，使资本运动过程及其结果真正为社会主义经济发展服务。资本的两重性，一是物质内容的反映，二是社会关系的反映。就物质内容来说，社会主义与资本主义的资本运动有相同之处，它表现为资本自身物质形态运动的规律性，比如资本各种不同形态不断转化的持续性和不间断性，这是资本自身不断运动所必须具有的属性，如果失去这个属性，资本运动将会停止。只要资本现象存在，资本运动发生，这个属性就自然存在，可理解为本然属性。但就它所体现的社会关系来说，在不同的社会条件下具有根本不同的内容。这是因为社会制度不同，运用资本的主体不同，其目的和方式就有原则差别。因此，资本的本然属性受到社会制度所规定的社会关系的制约，使资本为不同的社会目的服务。资本运作主体的运作方式和运作目的，相对于资本

---

[1] 王宏波，任映红. 当前资本良性运营的引导和规范［J］. 探索，2013（4）：84-88.

物质内容的运动规律来说，具有外在性，可以理解为资本的他然属性。资本运动过程是本然属性与他然属性的对立统一。当这两种性质一致时，资本运动就顺利进行；当这两种性质发生冲突时，资本运动就发生危机。经济学更重要的是透过物质运动看到人与人的社会关系，要研究资本物质内容的运动过程中的社会关系的本质和作用，正是这一点，可以说明社会主义国有企业与资本主义国有企业的区别。

资本管理与资产管理既有联系又有区别。资本管理离不开资产管理，同时又区别于资产管理。在管理形态上，资产管理的对象是物质资产，资产以实物形态存在，是死的；资本管理的对象是资本，资本以价值形态存在，是活的。因此，资产管理具有两个不同的发展方向，一个是资产管理可能使资产升值，另一个是资产管理也可能使资产贬值。资本是通过不同形态循环和周转实现利润和增值的资产，是动态财产，是可以生产出更多财产的财产。资本运营也有盈亏两种可能。然而，在市场经济条件下，资本的盈亏体现着经济的增长和下降，支配着资产规模的扩大和缩小。在管理方式上，资产管理面向具体商品的生产经营，采用"投入—生产—营销"的特定类型的商品生产管理方式；资本管理以资本增值为目标，采用多样化的、不特定类型的商品生产管理方式，更加注意产品的升级换代和不断调整，以扩展利润空间。在管理方向上，资产更多反映的是所有者的静态财产，而并不反映其与利润、增值之间的动态关系，并且资产虽然具有产生利润的可能性，但没有产生利润的必然性。

在管理目标上，资本管理强调资本增值，而不仅仅是物质资产增值，如金融资本的管理就超出了实物资本的范围。

在国有资本管理的思路下，需要从国有资本运行和控制的角度重新界定国有企业的地位和作用，即国有企业是国有资本的运营主体。应将资本管理与资产管理相结合，以管资本为主加强国有资产管理，逐步实现从国有资产管理到国有资本管理的思路转变，使国有企业在市场经济的海洋中扬帆前进，在世界市场的竞争中发挥独特优势。如果从资本管理的角度分析和理解国有经济的主导作用，就必须从资本运行机制和运行规律的角度设计国有经济与国民经济系统的关系，使我们对国有经济的控制力、影响力和主体地位有新的认识，进而形成新的实践方式。

## 三、国有企业通过发展混合所有制统帅国民经济

实现从国有资产管理到国有资本管理的思路转变，以管资本为主加强国有资产管理对国有企业提出了更多更高的要求。管理思路的转变要求国有资本运作机制也要相应的调整和变革，发展混合所有制正是为适应这种思路转变而进行的新实践。国有企业通过发展混合所有制来发挥对国民经济的统帅作用。

积极发展混合所有制经济是党的十八届三中全会提出的关于国有企业改革的一项重要指导方针和政策措施。我国社会主义混合所有制经济的发展，经历了从突破单一公有制到多种所有制融合发展

的演进过程。改革开放后，我国逐步建立了以公有制为主体、多种所有制经济共同发展的基本经济制度。随着改革开放的深入，我国公有制经济和非公有制经济相互融合，混合所有制经济不断发展、完善。党的十五大报告在阐释我国基本经济制度时充分肯定了发展混合所有制经济的重大意义，党的十六届三中全会强调要使股份制成为公有制的主要实现形式，此后中央文件多次强调要积极发展混合所有制经济。2013年，《决定》第一次明确提出要"积极发展混合所有制经济。国有资本、集体资本、非公有资本等交叉持股、相互融合的混合所有制经济，是基本经济制度的重要实现形式"。积极发展混合所有制经济已经成为新形势下全面深化国有企业改革、完善我国基本经济制度的重要内容和关键环节。据统计，从2003年到2011年，中央企业的改制面由30.4%提高到72.3%；中央企业控股国内外373家上市公司，资产总额的54%、营业收入的60%、利润的83.5%都在上市公司。国有企业在改制过程中积极引入民间资本、境外资本，促进了投资主体和产权的多元化，如中海油34家二级、三级企业基本都是混合所有制企业，国有股权占比在40%~65%之间。[①] 截至2017年，两批近20家中央企业混改试点顺利实施，第三批试点企业将进一步扩大范围和覆盖面。

国有企业通过发展混合所有制统帅国民经济主要体现为以下

---

① 何宗渝，王敏，张辛欣，等.国资委成立十年来国有企业改革发展纪实[EB/OL].中央政府门户网站，2013-05-26.

几点。

首先，国有企业通过发展混合所有制，有利于广泛吸纳大量闲散的社会资本，放大国有资本功能，从而达到"四两拨千斤"的效果。国有企业发展国有资本、集体资本、非公有资本等交叉持股、相互融合的混合所有制，目的是放大国有资本功能，而不是削弱国有资本功能。因此，在关系国民经济命脉和国家安全的重要行业和关键领域发展混合所有制，必须坚持国有资本的控股地位，通过不同形式的资本混合放大国有资本功能，而不是通过资本混合取消国有资本的控股地位。[①] 这是国有企业发展混合所有制的基本原则。

其次，国有企业通过发展混合所有制，有利于加速国有企业与市场的融合，进一步增强国有企业的活力和竞争力。在参与市场竞争尤其是参与国际竞争的过程中，要注意科学管理这种混合所有制企业，防止和抵御外资的控制，努力提高参与国际市场竞争、防控国际市场风险的能力。

最后，国有企业通过发展混合所有制，有利于促进国有经济与民营经济相互融合，实现国有经济引导、带动民营经济，进而实现"国民共进"、共同发展。如果把混合所有制经济比作一棵树，那么，国有企业和民营企业就好比树干与枝叶，国有企业是树干，民营企业是树枝、树叶。树干与枝叶息息相关、不可分割，枝叶离不

---

① 项启源，何千强.科学理解和积极发展混合所有制经济：关于改革和加强国有企业的对话[J].马克思主义研究，2014（7）：12.

开树干的稳定和支撑，树干也需要枝叶的繁茂和活力。因此，要将国有企业放在混合所有制经济的整体中来看。在评价国有企业的作用时，要看国有企业在混合所有制经济中的控制力和影响力；在评价国有企业的活力时，要看国有企业能够支配和影响的经济规模的大小。

## 第二节 国有企业在我国社会主义经济社会发展中发挥主导作用

基于社会主义公有制的客观要求、市场经济的运行机制、社会经济结构不平衡的状况，公有制的主体地位体现在国有经济的主导作用上：一是国有经济对整个国民经济的运行有控制力、影响力；二是就各种所有制经济的关系来说，国有经济对非公有制经济起支持和引导作用。国有企业在我国社会主义经济社会发展中发挥主导作用，主要体现在以下三个方面。

### 一、国有企业是促进经济发展的主导力量

首先，国有资产广泛分布于国民经济各行业。从国有资产的行业分布来看，我国国有企业覆盖面很广，广泛分布和存在于国民经济各个行业。据统计，截至 2010 年，在国民经济 95 个大类中，国

有经济涉及 94 个行业。其中，在 396 个国民经济行业类中，国有经济涉足 380 个行业，行业分布面达 96%。中国经济与社会发展统计数据库数据显示，2011 年国有资产广泛分布于第一、第二、第三产业的各行业。国有资产在工业、交通运输仓储业、社会服务业、贸易业等行业中的比重较大，其中工业占比最大，达到 37.7%，交通运输仓储业和社会服务业分别为 13.3% 和 13.2%；国有资产在渔业、餐饮业、畜牧业等行业的比重相对较小，其中渔业占比最小，仅为 0.02%，餐饮业和畜牧业也分别只有 0.03% 和 0.05%。可见，从整体上来看，国有资产广泛分布于国民经济的各个行业领域，但是具体到每一个行业领域，国有资产的比重又是有所不同的。从具体比重来看，国有资产主要集中于以工业为主的关系国民经济命脉的重要行业和关键领域，这体现了国有企业对经济发展的主导作用。

其次，国有企业是参与国内经济竞争的主体，在拉动我国经济增长中居于主导地位。根据财富中文网公布的中国企业 500 强数据，国有企业一直保持主导地位。其中，2013 年中国企业 500 强中国有企业共有 310 家，占总数的 62.00%；实现营业收入 40.9 万亿元，占 500 强企业营业收入总额的 81.94%；资产总额为 137.76 万亿元，占 500 强企业资产总额的 91.26%；实现利润总额 1.87 万亿元，占 500 强企业利润总额的 85.91%。另外，2014 年中国企业 500 强中国有企业共有 300 家，前 37 位均为国有企业。2012 年，时任国务院国资委主任王勇向十一届全国人大常委会作《国务院关于国有企业改革与发展工作情况的报告》时指出，从2003年到2011年，我国国有企业（除去金融类企业）营业收入、净利润、上缴税金年均增长率分别为17.6%、25.2%和19.4%，远远高于同期中国经济的增长速度。同时，国有企业取得了一大批拥有自主知识产权和具有国际先进水平的科技创新成果，极大地提升了国有企业的核心竞争力。国有企业是促进我国经济发展的主导力量，这不仅体现在一组组华丽的统计数据上，也体现在一个个提升国家能力的重大项目和系统工程上。"神舟"飞天、"嫦娥"奔月、"北斗"导航……中国在航天领域日益精进，航天科技、航天科工等企业功勋卓著；歼-15战机、运-20运输机、"辽宁舰"航母平台……分担现代化国防体系建设千钧之重，国有军工企业责无旁贷；TD-LTE 4G国际标准、深海钻井平台、高速动车……在国际技术前沿，国有企业捷报频传；西电东送、西气东输、南水北调……纵横交织的输电、输气、供水管线，为人们日常生产生活提供了坚强保障。

最后，国有企业是我国参与国际竞争的"主力军"，是我国企业"走出去"的"排头兵"。近年来，以国有企业为代表的中国企业在国际市场上集体崛起，显示出国有企业在参与国际竞争、参与全球经济治理中的优势。根据财富中文网公布的数据，中国企业入榜《财富》世界500强企业的数量从2003年的12家增至2014年的100家，其中国有企业数量从11家增至83家（见图5-4）。从世界500强中国有企业占中国企业的比重来看，其一直保持在70%以上（见图5-5）。2014年世界500强企业排行榜中，进入前100名的中国企业都是国有企业,并且中石化、中石油、国家电网等国有企业跻身榜单前10名。

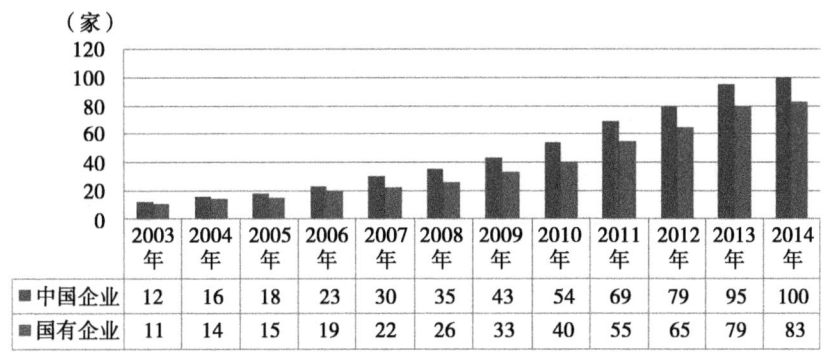

图5-4 中国企业入榜《财富》世界500强数量

资料来源:根据财富中文网数据整理。

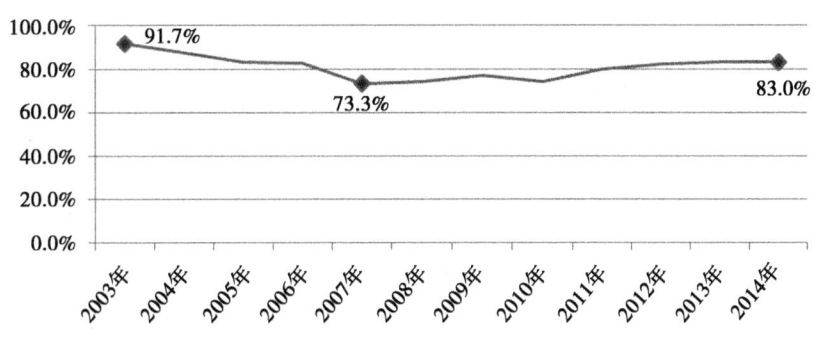

图5-5 世界500强中国有企业占中国企业的比重

资料来源:根据财富中文网数据整理。

国有企业在我国企业"走出去"的过程中充当"排头兵"。私募股权基金公司A CAPITAL(亚欧联合资本)发布的2012年2季度中国全球海外投资的指数(龙指数)报告显示,在中国企业海外投资中，90%为国有企业投资。国有企业在海外并购市场上一直扮演着重要角色，例如，中航工业收购全球第二大通用飞机制造商西锐公司，中国化工收购全球第六大农药企业，等等。以中央企业为代表的一大批国有企业在国际舞台崭露头角，成为翱翔海外的"雄鹰"。同时，以中央企业为代表的国有企业境外经营规模也不断扩大，中国五矿集团、中国有色矿业集团等企业在大洋洲、南美洲、非洲等地开展经营，而且融入当地社区，承担社会责任，被所在国视为"全天候的朋友"。2011年4月28日，时任国务院国资委副主任黄丹华在中央企业"走出去"工作会议上做工作报告时指出，大约有100家中央企业在境外（包括港澳地区）设立了子公司或管理机构，纯境外单位资产和营业收入增长迅速。正如法国《世界报》发表的评论所称，在经历国内和国际市场双重挑战后，能够生存下来的中国国有企业都是"令人生畏"的。

## 二、国有企业是调控经济的主要手段

在社会主义市场经济条件下，国家能够从社会整体利益出发，为实现宏观经济总量的基本平衡和经济结构的优化，对国民经济总体活动进行有效的宏观调控。国有企业作为我国调控经济的主要手段，无论在国际经济危机还是经济新常态下都发挥不可替代的重要作用。

一方面，在国际经济危机下，国家通过国有企业调控经济发展，保证经济安全稳定运行。在2008年国际金融危机期间，国有企业充分发挥了"稳定器"和"压舱石"的作用，以其出色的表现使我国成功应对危机，有力地稳定了中国经济。2008年，由美国次贷危机引发的国际金融危机席卷全球，我国是世界上受金融危机影响较大的国家，同时也是应对国际金融危机最为成功、经济表现最为出色的国家。2008年和2009年我国经济增长率分别达到9.0%和8.7%，不仅保持了我国经济快速发展的态势，而且促进了整个世界经济的企稳回升。我国能够成功应对国际金融危机，掌握国家经济命脉的国有企业功不可没。根据国家财政部发布的统计数据，在国际金融危机对我国经济冲击最大的2008年和2009年，全国国有企业（不含国有金融类企业）实现的营业收入同比增长分别达到17.9%和6.5%。我国国有企业生产经营保持了平稳态势，并在保增长、保民生、保稳定中发挥了中流砥柱的作用。[1]另外，我国应对此次危机的许多措施都是通过国有企业实施的，例如，国家的4万亿投资主要投向国有经济占优的基础设施建设、民生工程、社会事业领域，从而保证了我国经济在危机中仍然安全平稳运行。由此可见，国有企业是国家调控经济的一个重要抓手，国有企业具有影响经济走向的作用。

另一方面，在经济新常态下，国有企业引导全面深化改革的方

---

[1] 吴强.从国际金融危机看国有经济控制国家经济命脉的合理性[J].红旗文稿，2010（6）：4-7.

向。"新常态"是新一代中央领导对当前我国经济形势的清醒认识和准确判断，对未来宏观经济政策导向有着决定性意义。在经济新常态下，国有企业发挥着引导全面深化改革方向的重要作用，是中央政策的积极践行者，是调控和引导经济发展的通道，不断发挥改革的扩散效应。尤其是在经济结构优化升级和创新驱动发展方面，国有企业更是发挥了主力军和排头兵的作用。例如，在经济结构优化升级方面，从2014年开始，中国石油化工集团开放下游销售业务，旗下销售公司与腾讯科技签订业务框架合作协议，在业务开发与推广、移动支付、媒介宣传、地图导航等领域开展合作，有27家投资者认购增资，其中大润发、复兴、新奥能源、腾讯、海尔、汇源等9家为产业合作伙伴。又如，中国保利集团不断改革，成功实现产业升级，逐步将业务从军品贸易拓展到房地产、文化、能源、民用炸药爆破等领域，并且其房地产、军品贸易、文化拍卖等业务在国内竞争中名列前茅，在世界上也具有较强的竞争力。在创新驱动发展方面，中国电子科技集团为了更好地承担"国家队"的使命和责任，部署实施了"重构技术创新体系，打造技术创新业态"的科技体制改革工程。截至2013年，该集团科研活动的经费投入累计超过千亿元，占总收入的17%，其中科技创新投入400亿元，占总收入的7%。中国南车集团充分发挥机制、人才、技术及资金优势，打造研发联合舰队，持续支撑技术创新。2008—2012年，南车集团的科技投入占销售收入的比例均超过5%。其中，2012年达47亿元，新产品贡献率达70%。南车集团倾力打造的内部研发体系为企业后续新技术的引进、消化、吸收创造了良好的条件,也奠定了坚实的基础。[1]

### 三、国有企业是社会责任的主要承担者

我国国有企业不仅是参与经济竞争的主体,也是社会责任的主要承担者。国有企业既发挥经济功能,又发挥提供社会公共服务、满足社会公共需求的社会功能。作为国民经济支柱的国有企业在不断深化改革、做大做强的同时,积极履行社会责任,努力实现经济功能和社会功能的有机统一。

越是在危急关头,就越能体现出国有企业的责任担当。2013年4月20日,四川雅安发生地震,国有企业积极投入抗震救灾,在保电、保油、保通信、保交通,抢险救人、运送物资、安置灾民、灾后重建中发挥重要作用。另外,防治非典,应对南方雨雪冰冻灾害,抗击汶川、玉树地震灾害……哪里有需要,哪里就有国有企业的身影,国有企业用实际行动诠释了危难时刻的责任担当。2006年起,国际粮价大幅上涨,近40个国家出现粮食短缺,10多个国家出现社会动荡;2008年下半年,国际粮价又大幅下挫。然而,在此期间,中国粮价始终保持平稳,成为全球粮食危机中的"安全岛"。这背

---

[1] 陈劲,黄淑芳.企业技术创新体系演化研究[J].管理工程学报,2014(4):219-227.

后，中储粮、中粮等国有企业坚决执行国家最低收购价、跨省移库等调控政策，有效防止了"谷贱伤农、米贵伤民"。2008年，在严峻的国际金融危机形势下，国有企业不仅没有裁员，还千方百计吸纳就业、稳定就业。2009年，仅中央企业就招收应届毕业生20多万人，不仅没有减少，反而同比增长7%。正是国有企业的存在，才使得我们在应对突发事件、重大危机时有了可靠保障和坚实依托。

国有企业将承担社会责任融入企业的日常经营活动，实现经济效益与社会效益、生态效益相统一。例如：鞍钢集团鲅鱼圈项目建立铁素资源、能源、水资源和固体废弃物循环和再利用系统，使水循环利用率达到98%、固体废弃物和化工副产品利用率达到100%；华电集团在乌江、金沙江水电开发中，把水土保持和生态保护视为重中之重；中电投在开发黄河上游水电的过程中，建设了两座土著鱼类增殖站，对保护黄河上游珍稀野生土著鱼类和生物多样性发挥了重要作用。

到2012年年底，115家中央企业全部发布社会责任报告，90多家中央企业建立了社会责任委员会，50多家中央企业制定了社会责任工作制度。中国移动连续5年入选道琼斯可持续发展指数榜，中国移动、国家电网等企业的社会责任实践案例入选哈佛商学院案例库。中国社会科学院企业社会责任中心发布的2012年《中国企业社会责任研究报告》显示，在32家社会责任发展指数为卓越型和领先型的企业中，国有企业有24家。中国社会科学院发布的2013年《企业社会责任蓝皮书》显示，国有企业社会责任指数领先于民营企业和外资企业，过去5年国有企业100强持续领先于民营企业100强、外资企业100强，且优势不断扩大。因此，在履行社会责任方面，国有企业明显走在了其他类型企业的前面，充分展现了其负责任、有担当的企业形象。

## 第三节　国有企业是实现人民民主的重要保障

人民民主是社会主义民主的生命，而作为上层建筑的民主，必须要有相应的经济基础作为支撑。社会主义公有制以及作为社会主义公有制经济制度支撑和实现形式的国有企业，是实现人民民主、保障人民当家作主的重要经济基础。

### 一、国有企业具有全民所有的根本性质

与西方国家国有企业所具有的工具性质不同，我国国有企业具有全民所有的根本性质。《中华人民共和国宪法》规定："国有经济，即社会主义全民所有制经济，是国民经济中的主导力量。""中华人民共和国的社会主义经济制度的基础是生产资料的社会主义公有制，即全民所有制和劳动群众集体所有制。"党的十八届三中全会也明确指出："国有企业属于全民所有，是推进国家现代化、保障人民共同利益的重要力量。"这清楚地表明了我国国有企业所具有的根本性

质，即全民所有。

我国国有企业全民所有的根本性质是由我国的国家性质决定的。我国是人民民主专政的社会主义国家，社会主义国家作为"整个社会的正式代表"[①]，代表广大人民掌握、占有和支配生产资料。生产资料只有掌握在由国家代表的广大人民手中，人民真正成为生产资料的主人，才能从根本上改变人民受剥削和受压迫的地位，使人民真正掌握自己的命运。因此，我国建立国有企业的根本动因在于通过生产资料公有制，从经济和制度上保障人民当家作主的地位和利益。[②] 建立国有企业正是社会主义国家代表广大人民掌握生产资料的重要方式，国家按照广大人民的意志对国有企业进行有效监管，使其真正体现广大人民的共同利益，真正体现全民所有的根本性质。

然而，由于我国国有企业的最终所有者——广大人民具有高度分散的特点，同时，国有企业产权又具有不可分割性和不可转让性，因此，国有企业全民所有的根本性质需要通过"全民－国家－企业"的委托代理关系来实现。国有企业作为全民所有的公有制企业，虽然其所有者是全体社会成员，但并不是说每个社会成员都是独立的所有者，也不可能让每个社会成员行使独立的支配权和管理权。因此，实现国有企业的全民所有，只能采取委托代理的方式，使联合

---

① 马克思恩格斯选集：第3卷 [M].中共中央翻译局，译.北京：人民出版社，1995：621.

② 杨励，姜海波.论新中国国有企业与资本主义国有企业的区别 [J].思想理论教育导刊，2003（3）：44-46.

起来的社会成员成为国有企业共同的所有者,由人民民主专政的国家代表全体人民行使经营管理权,全体人民共同享受国有企业创造的财富和福利。在当前的社会主义初级阶段,可以说,除了具有人民民主专政性质的国家外,没有任何其他的组织、机构或者个人能够真正代表广大人民的根本利益,对人民共同所有的生产资料负责。绝不能只从表面上理解国有企业全民所有的性质,从而得出应将国有资产分到个人手中的结论。这样仅仅是实现了表面上的全民所有,实际上是将公有制转变为了私有制,将国有企业私有化,而且是个人私有制,从而从根本上取消了国有企业的社会主义性质。

只有准确理解国有企业全民所有的这一根本性质,才能明白为什么必须毫不动摇地巩固和发展公有制经济、理直气壮地做优做强做大国有企业,而绝不能走私有化的道路,才能准确把握国有企业改革的正确方向而不犯颠覆性错误。从根本上说,深化国有企业改革的目的,就是要形成更加完善的体制机制,充分体现国有企业的根本属性和内在要求,发挥社会主义制度的优越性,使其更好地为全体人民谋利益、增福祉。[①]

## 二、国有企业是保障人民共同利益的重要力量

国有企业属于全民所有的根本性质决定了国有企业必须在保障

---

① 张宇.国企改革贵在守住本[N].人民日报,2015-03-20(5).

人民共同利益中发挥重要作用。国有企业的这一重要功能定位也是中央政府多次强调的。2015年，中共中央、国务院《关于深化国有企业改革的指导意见》明确指出，国有企业属于全民所有，是推进国家现代化、保障人民共同利益的重要力量。习近平总书记在2016年全国国有企业改革座谈会上强调，国有企业是壮大国家综合实力、保障人民共同利益的重要力量。这些重要论述充分表明了国有企业全民所有的根本性质，也更加明确了国有企业在保障人民共同利益方面所应该发挥的重要功能。

首先，国有企业是维护经济社会稳定和改善民生的重要力量。例如：国有石油石化企业在国内成品油与进口成品油价格倒挂较为严重的情况下，努力加强管理，降低成本，确保国内成品油的稳定供应；电力企业加快发展农电事业，全面推进"户户通电"工程，促进了社会主义新农村建设；电信企业实施"村村通"工程，在经济社会信息化建设中发挥了重要作用。[1]

其次，国有企业通过上缴税金和资本收益保障人民共同利益。2012年《国务院关于国有企业改革与发展工作情况的报告》指出："2003—2011年全国国有企业累计上缴税金17.1万亿元，2011年占全国税收的38.4%；截至2011年底全国国有企业划归社保基金国有股权2119亿元，占全部社保基金财政性收入的43.1%；2007年以

---

[1] 刘国光.共同理想的基石：国有企业若干重大问题评论[M].北京：经济科学出版社，2011：4.

来，国有企业开始上缴国有资本收益。"

最后，国有企业是提供社会保障和社会福利的重要力量。2012年《国务院关于国有企业改革与发展工作情况的报告》指出："国有企业积极参加各类社会保险，规范构建职工福利保障体系，切实保障农民工和劳务工合法权益，同时还承担了1655.3万名离退休职工的管理。国有企业积极参与定点扶贫、援疆援藏和各类社会公益事业，92家中央企业定点帮扶189个国家扶贫工作重点县，44家企业在新疆、40家在西藏开展了各类援助帮扶工作。"在国家救灾、扶危济困等救助活动中，国有企业总是冲锋陷阵、以身作则，有效推动了我国社会公益事业的发展。

国有企业作为保障人民共同利益的重要力量，在自身不断做优做强做大的过程中，以其雄厚、可靠、稳定的物质基础和经济实力不断造福人民，在积极履行社会责任的过程中不断增进人民福祉、促进社会和谐。我国国有企业在改革发展中始终坚持以保障人民共同利益为根本宗旨，坚决贯彻以人民为中心的发展思想和共享发展理念，在稳定经济发展、维护经济安全、促进创新、增加就业以及改善民生等方面不断发挥基石作用。

### 三、国有企业是中国共产党治国理政的重要支柱

国有企业不仅是中国特色社会主义的重要物质基础和政治基础，也是我们党执政兴国的重要支柱和依靠力量。国有企业的性质和中

国共产党的性质具有内在的一致性，这决定了国有企业在党治国理政的过程中必然要发挥重要作用。中国共产党是中国工人阶级的先锋队，同时是中国人民和中华民族的先锋队，是中国特色社会主义事业的领导核心，代表中国先进生产力的发展要求，代表中国先进文化的前进方向，代表中国最广大人民的根本利益。国有企业则是中国特色社会主义的物质基础、政治基础和制度基础。因此，国有企业和中国共产党在根本性质上具有内在的一致性，这为国有企业和党的领导有机结合，为国有企业充分发挥其在党治国理政中的支柱作用提供了理论支撑。

坚持党的领导是国有企业的光荣传统，更是国有企业所具有的独特优势。2016年，习近平总书记在全国国有企业党的建设工作会议上指出："坚持党的领导、加强党的建设，是我国国有企业的光荣传统，是国有企业的'根'和'魂'，是我国国有企业的独特优势。"中国特色现代国有企业制度，"特"就特在把党的领导融入公司治理各环节，把党组织内嵌到公司治理结构之中，明确和落实党组织在公司法人治理结构中的法定地位，做到组织落实、干部到位、职责明确、监督严格。坚持党的领导，是中国特色社会主义最本质的特征。加强国有企业党的建设，对于保证国有企业改革发展的社会主义方向，提升国有企业的制度优势和竞争优势，促进国有企业做强做优做大，具有十分重要的战略意义和现实意义。关于国有企业在党治国理政的过程中到底应该发挥什么样的支柱作用，习近平总书记强调："要通过加强和完善党对国有企业的领导、加强和改进国有企业党的建设，使国有企业成为党和国家最可信赖的依靠力量，成为坚决贯彻执行党中央决策部署的重要力量，成为贯彻新发展理念、全面深化改革的重要力量，成为实施'走出去'战略、'一带一路'建设等重大战略的重要力量，成为壮大综合国力、促进经济社会发展、保障和改善民生的重要力量，成为我们党赢得具有许多新的历史特点的伟大斗争胜利的重要力量。"可见，国有企业作为我们党治国理政、执政兴国的重要支柱和依靠力量，其作用主要体现在坚决贯彻执行党中央决策部署、贯彻新发展理念、推动全面深化改革、实施国家重大战略，以及壮大综合国力、促进经济社会发展、保障和改善民生等多个方面。

在执行党中央决策部署方面，国有企业充分发挥党组织的决策力和执行力，对于中央的重大决策和战略部署总是第一时间领会、传达并组织实施。党的十八大以来，习近平总书记十分关注和重视国有企业改革发展，发表了系列重要讲话，党中央出台了系列改革配套文件，对此国有企业尤其是大型央企都是第一时间组织学习、领会精神。例如，2016年，在全国国有企业改革座谈会上，习近平总书记对国有企业改革发展做出重要指示，国家电网、中石油、中海油等国有企业党组第一时间传达和学习会议精神，并研究贯彻落实措施。在贯彻新发展理念方面，国有企业牢固树立和贯彻落实创新、协调、绿色、开放、共享的发展理念，主动适应、把握和引领经济发展新常态，以提高经济发展质量和效益为中心，以推进结构性改革为重点，围绕做强做优做大国有企业的目标，着力做好创新驱动、结构调整、开放合作、深化改革、提质增效、加强党建六篇大文章，不断增强国有经济的活力、控制力、影响力、抗风险能力，为促进经济社会持续健康发展、全面建成小康社会、实现中华民族伟大复兴中国梦做出积极贡献。在推动全面深化改革方面，国有企业始终是先行者。在国务院国资委的领导下，国有企业积极稳妥推进各项改革，尤其是混合所有制改革。国务院国资委率先选择国家开发投资公司、中粮集团、中国医药集团总公司、中国建筑材料集团有限公司、中国节能环保集团公司、新兴际华集团有限公司6家中央企业作为改革试点企业，中石化、中石油等大型央企也较早公布并实施混合所有制改革的引资方案，通过增资扩股的方式引入社会资本和民营资本。截至2017年，两批近20家中央企业混改试点顺利实施，第三批试点企业将进一步扩大范围和覆盖面，形成规模协同效应。另外，国有企业在实施"走出去"等重大战略中也承担重要角色，并始终作为壮大综合国力、拉动经济增长、促进和改善民生的"排头兵"。

# 第六章

## 改革之路：以功能定位为核心深化国有企业改革的基本思路

在我国基本经济制度已经确立，市场机制发挥决定性作用，重新调整政府-市场关系的背景下，国有企业究竟如何进一步深化改革，是当前国有企业改革必须直面的问题。2013年，《中共中央关于全面深化改革若干重大问题的决定》(以下简称《决定》)明确提出"准确界定不同国有企业功能"，并依此推进国有企业全面深化改革。基于此，本章将从国有企业分类改革、混合所有制改革、国有资本管控等角度思考和设计以功能定位为核心深化国有企业改革的基本思路。

## 第一节 深化国有企业分类改革，强化国有企业功能

改革开放以来，虽然我国国有企业改革取得了巨大成就，但随着改革的深入，一些深层次的矛盾和问题不断凸显，其中一个重要的问题就是如何对国有企业进行科学分类，进而深化国有企业分类改革。2013年，《决定》明确提出要准确界定不同国有企业功能，在此基础上分类推进国有企业改革。这也是首次以中央文件的形式提出国有企业分类改革的问题，意味着国有企业将进入功能定位与分类改革的新时期。

## 一、国有企业科学分类是全面深化国有企业改革的基础和前提

对国有企业进行科学合理的分类,是国有企业改革的基础性问题,不仅涉及对国有企业功能的准确界定,也关系到国有企业管理体制的改革创新。国有企业的科学分类是正确认识和评价国有企业的基本前提,也是全面深化国有企业改革必须解决的关键问题,因此,全面深化国有企业改革应建立在对国有企业科学分类的基础之上。

国有企业科学分类是推进国有企业改革顶层设计的首要问题。全面深化改革不仅强调全面推进国民经济和社会发展各个具体领域的改革,同时更加注重改革的顶层设计和系统谋划。当前,我国国有企业改革进入攻坚期和深水区,改革涉及的利益关系更加复杂,"牵一发而动全身",因此,深化国有企业改革需要更大的决心和勇气,同时必须从改革全局出发进行国有企业改革的顶层设计和系统谋划。其中,国有企业科学分类成为推进国有企业改革顶层设计的首要问题,也是关系到国有企业改革前途命运的重大理论和现实问题。解决了国有企业的科学分类问题后,就可以根据不同类型国有企业的性质特点、功能定位、股权结构等,有针对性地出台相应的改革发展政策,按照国有企业的不同类型优化调整国有资本战略布局,坚持有进有退、有所为有所不为的基本方针,描绘清晰的改革"路线图"和"时间表",从而有序推进国有企业全面深化改革。

国有企业科学分类是明确国有企业功能定位的客观需要。目前理论界对国有企业功能的认识存在一定分歧，一个很重要的原因就是缺乏对国有企业的科学合理分类。国有企业科学分类是明确国有企业功能定位的客观需要，也是拨开国有企业功能争论"迷雾"、达成改革共识的客观需要。国有企业作为一个整体，具有政治、经济、社会等不同方面的功能，但具体到某一个或某一类国有企业，其在政治、经济、社会等方面所承担的功能是不同的。因此，既需要从宏观上准确界定作为整体的国有企业所具有的功能，也需要在科学分类的基础上，具体界定不同类型国有企业的功能。在国有企业科学分类的基础上，就可以准确界定不同类型国有企业的功能定位、业务属性、发展目标，从而进一步制定有差别的分类改革措施。

国有企业科学分类有利于客观公正地评价和监督国有企业。长期以来，国内外理论界一直存在着对国有企业的种种认识误区，究其根源在于对国有企业功能的定位不正确、不清晰，而准确界定国有企业功能的基本前提则是对国有企业的科学分类。随着国有企业分类的进一步完善，分类改革和分类监管的有序推进，国有企业的功能定位会越加清晰，这将为澄清理论界对国有企业的认识误区、更加客观公正地评价国有企业提供理论支撑。同时，随着国有企业分类的科学化、精细化，国有企业和国有资产的监督方式会更加多元，监督效果会更加明显，监督体系也会更加完善，从而有力保障国有企业所有者的合法权益，有效防止国有资产流失。

## 二、当前国有企业分类的思路与问题

由于历史原因,改革开放前我国一直将国有企业作为一个统一的整体对待,缺乏对国有企业的分类指导和管理。国家通过下达计划指令的方式来指导国有企业改革发展,使其服务于国家战略目标和经济社会发展需要,这与当时我国所处的发展阶段和所实行的计划经济管理体制是直接相关的。改革开放后,国有企业开始探索与市场相融合的发展之路,通过一系列改革措施,效益显著提高,活力不断增强,基本与市场经济相融合。国内理论界开始关注国有企业分类改革的问题,并主要形成了二分法和三分法两种国有企业分类思路。

第一种思路是二分法。由于分类的依据和标准不同,二分法的具体分类方式也有所不同。从现有的文献资料来看,早在1992年周叔莲就提出坚持分类指导的原则进行企业改革,并从国营企业和国有企业差别的角度探讨了这两种企业分类改革的不同任务、目标和具体措施等。他认为,国营企业和国有企业既有联系又有区别,国营企业由国家所有、国家经营,是国有企业,但国有企业可以由国家经营,这种企业是国营企业,也可以由企业自主经营,这种企业则不是国营企业,可称为自营企业。经济改革要使绝大多数国营企业变成自营企业,即成为自主经营、自负盈亏的社会主义商品生产者和经营者。[①]

---

① 周叔莲.企业改革要分类指导:从国营企业和国有企业的差别说起[J].经济学家,1992(3):21.

董辅礽和杨瑞龙两位经济学家在1995年都提出应从社会主义市场经济中国有企业的功能出发思考国有企业的改革问题。根据这个思路，他们对国有企业进行了分类，并依据不同类型国有企业所具有的功能提出了不同的改革策略。董辅礽将国有企业分为竞争性企业和非竞争性企业两类，非竞争性企业又分为自然垄断企业和以社会公益为目标的企业。在上述分类的基础上，他从国有企业在社会主义市场经济中的功能出发，从发挥国有企业的主导作用出发，提出了国有企业的改革思路。[①]杨瑞龙则从分析国有产权的特征出发，探讨了国有企业股份制改造的问题，并明确提出国有企业分类改革战略，即根据国有企业在社会主义市场经济条件下的不同功能选择不同的改革模式。据此，他也将国有企业分为竞争性与非竞争性两大类。在竞争性国有企业中，大型竞争性国有企业应进行产权主体多元化的股份制改造，产权结构应由市场竞争来决定；中小型竞争性国有企业宜完全放开。在非竞争性国有企业中，提供公共产品的国有企业宜选择国有国营模式，即政府所有，政府经营；处于自然垄断行业的国有企业实行国有国控模式，国有资本须保持控制地位，以保证国家对关系国计民生的关键行业保持控制力。[②]1998年，以杨瑞龙为首的中国人民大学经济研究报告课题组对国有企业的分类改革战略又进行了更

---

[①] 董辅礽. 从企业功能着眼 分类改革国有企业[J]. 改革，1995(4)：40-47.

[②] 杨瑞龙. 国有企业股份制改造的理论思考[J]. 经济研究，1995(2)：13-22.

为深入、系统的研究，提出了国有企业分类改革的具体构想。他们对国有企业的分类仍然延续之前的方式，将国有企业分为竞争性与非竞争性两类。[1][2]

第二种思路是三分法。黄群慧和余菁提出国有企业改革要引入分类治理的工作思路，并将国有企业分为公共政策性、特定功能性、一般商业性三类。他们认为，一般商业性的国有企业应加快市场化，公共政策性的国有企业应逐步向"一企一制（法）"的管控精细化的方向发展，特定功能性的国有企业应转向实施更加适应其细分化特征的、有的放矢的管理体制。[3]高明华等通过实地走访调研了七家中央国有企业和地方国有企业的情况，然后基于国有企业的不同目标和功能将其分为公益性国有企业、（合理）垄断性国有企业和竞争性国有企业三类。基于三类国有企业的不同性质和功能，他们提出了相应的改革方向和治理机制。[4]郭全中和徐玉德也将国有企业分为三类：第一类是国营企业，即由政府部门直接经营管理的以社会服务为基本目标的企业，其财务和会计账目至少部分地与政府预算有

---

[1] 杨瑞龙，张宇，韩小明，等.国有企业的分类改革战略[J].教学与研究，1998（2）：6-13.

[2] 杨瑞龙，张宇，韩小明，等.国有企业的分类改革战略（续）[J].教学与研究，1998（3）：20-23.

[3] 黄群慧，余菁.新时期的新思路：国有企业分类改革与治理[J].中国工业经济，2013（11）：5-17.

[4] 高明华，杨丹，杜雯翠，等.国有企业分类改革与分类治理：基于七家国有企业的调研[J].经济社会体制比较，2014（2）：19-34.

直接关联的企业；第二类是国家主办企业，即具有特定的法律地位、完全归政府所有或政府以特殊方式控制、承担一定政策目标，但有一定经营自主权的企业；第三类是国有企业，即政府拥有足以保证控制权的股份、以营利为目标、具有与私有企业完全相同的法律地位、享有完全经营管理自主权的企业。[1]柳学信将国有企业分为公益类、功能类、竞争类三种类型，认为公益类国有企业应采取国有独资，功能类国有企业应采取国有独资或国有控股，竞争类国有企业则应重点发展混合所有制，政府对三类企业应分别采用政府监管、产业政策、竞争政策，政府对三类企业的干预强度依次降低，分别为高、中、低。[2]

除此之外，还有学者提出四分法的分类建议。例如，赵虹君基于对北京市43家市属重点国有企业的调研和分析，将国有企业分为四类：公共服务类、产业类、金融类、政府投资类。[3]

2003年国务院国资委成立后，关于国有企业分类的讨论不断升温。2011年，国务院国资委原副主任邵宁在2011中国企业领袖（第十届）年会上首次提出"公益型国有企业和竞争型国有企业"的分类方式，这是中央层面在公开场合关于国有企业分类的第一次清晰

---

[1] 郭全中，徐玉德.国企分类改革与企业家激励约束机制设计[J].兰州学刊，2002（6）：38-39.

[2] 柳学信.国有资本的公司化运营及其监管体系催生[J].改革，2015（2）：23-33.

[3] 赵虹君.北京市属国有企业分类监管研究[J].北京行政学院学报，2009（6）：75-79.

表述，引起后来的广泛关注和讨论。2013年，党的十八届三中全会第一次明确提出国有企业功能定位与分类改革的问题，这意味着国有企业分类改革真正成为国有企业改革的一个重要方向。2015年8月发布的《关于深化国有企业改革的指导意见》开始推动落实国有企业的分类改革，2015年12月发布的《关于国有企业功能界定与分类的指导意见》对国有企业进行了具体分类，并提出对国有企业进行分类改革、发展、监管、考核等具体政策，标志着国有企业的分类改革进入了实质性推进阶段。

《关于深化国有企业改革的指导意见》和《关于国有企业功能界定与分类的指导意见》作为新时期指导和推进我国国有企业改革的纲领性文件，都提出了关于国有企业分类以及分类改革监管的具体指导意见。根据国有资本的战略定位和发展目标，结合不同国有企业在经济社会发展中的作用、现状和发展需要，上述两个文件将国有企业分为商业类和公益类两类，其中商业类国有企业又分为主业处于充分竞争行业和领域的商业类国有企业和主业处于关系国家安全、国民经济命脉的重要行业和关键领域、主要承担重大专项任务的商业类国有企业两类。商业类国有企业以增强国有经济活力、放大国有资本功能、实现国有资产保值增值为主要目标，按照市场化要求实行商业化运作，依法独立自主开展生产经营活动，实现优胜劣汰、有序进退。公益类国有企业以保障民生、服务社会、提供公共产品和服务为主要目标，必要的产品或服务价格可以由政府调控。

通过以上对国有企业分类思路的梳理可以发现，国有企业的具体分类方式仍然存在一定差异，主要原因有以下几点。

一是概念理解的差异。学者对"公益性""垄断""竞争性"等概念的理解不同，导致对国有企业的具体分类方式也有所不同。例如，对于"公益性"的理解，有的学者认为公益性是指从事公益事业，不以营利为目的，公益性企业应该只讲公益不讲盈利。有的学者则认为"具有公益性质的国有企业"不等于"公益性国有企业"。还有学者将公益性理解为公共产品、准公共产品的提供。对"垄断"的理解也不同，社会舆论大多将垄断理解为滥用市场支配地位，损害消费者利益，从而妨碍市场公平竞争的行为，因此，坚决反对垄断，谈"垄断"色变。有的学者则将垄断理解为一种行政专营，认为垄断是政府为实现特定政策目的而进行的行政规制。可见，对相关概念的理解差异是导致国有企业分类差异的一个重要原因。二是对国有企业功能界定的差异。国有企业具有多重属性、多种功能，尤其是一些大型中央企业，不仅具有社会属性，承担提供公共产品和公共服务的功能，还具有较强的经济属性，在促进经济发展中发挥重要作用，在市场竞争中尤其是参与国际竞争中占据主导地位。因此，很难按照一个标准将国有企业的类型划分清晰，同时标准选择本身就是一个很大的难题。三是理论和实践取向的差异。理论研究往往重视理论的学理性和逻辑性，而实践则更加强调政策措施的实用性和可行性，因此，理论和实践的不同取向也使得学者与政府机构人员对国有企业分类持不同的观点。

### 三、以功能为核心推进国有企业分类改革

国有企业功能界定与分类改革是新形势下深化国有企业改革的重要内容,是因企施策推进国有企业改革的基本前提,对推动完善国有企业法人治理结构、优化国有资本布局、加强国有资产监管具有重要作用。国有企业科学分类需要建立在准确界定国有企业功能的基础之上,应以功能为核心推进国有企业分类改革,通过分类改革强化国有企业功能,增强国有企业的活力、控制力、影响力和带动力。

准确界定国有企业功能既需要从宏观层面做整体性综合探讨,也需要从微观层面做局部性具体分析。因此,国有企业功能应包含两个层面,即宏观层面功能和微观层面功能。宏观层面功能是指国有企业作为国有经济的主体在整个社会和国民经济系统中应该发挥的功能,而微观层面功能是指在科学分类基础上不同类型国有企业以及每个国有企业应该具有的功能。

具体来看,在宏观层面,国有企业的功能主要包括三个方面。第一,国有企业为社会主义公有制经济提供制度支撑。公有制为主体应当是公有制经济为主体,只有公有制经济居主体地位,国有经济才起主导作用。判断控制力和影响力,就是看国有资本的主导作用、控制力和影响力。[1]具体表现在:国有企业是社会主义公有制的

---

① 王宏波,陶惠敏.中西国有企业的性质和功能比较[J].思想理论教育导刊,2015(7):74-82.

实现主体；国有企业是国有资本的运营主体，通过资本管理实现主导作用；国有企业通过发展混合所有制统帅国民经济。第二，国有企业在我国社会主义经济社会发展中发挥主导作用。具体表现在：国有企业是促进经济发展的主导力量；国有企业是调控经济的主要手段；国有企业是社会责任的主要承担者。第三，国有企业是实现人民民主的重要保障。具体表现在：国有企业具有全民所有的根本性质；国有企业是保障人民共同利益的重要力量；国有企业是中国共产党治国理政的重要支柱。

国有企业微观层面的功能与国有企业的分类紧密相关，二者之间存在交互关系，即国有企业分类是微观功能定位的前提和基础，国有企业微观功能定位是分类的标准和依据。因此，应该依据这种思路对国有企业进行分类，在此基础上进行微观功能定位，即根据国有企业在政治、经济、社会等方面发挥功能的侧重点不同，将其分为政治功能导向型、经济功能导向型和社会功能导向型三种类型，在此基础上，分别界定不同类型国有企业的功能。政治功能导向型国有企业作为党和国家事业发展的重要政治基础，主要发挥巩固社会主义公有制、保证社会主义方向、保障党的执政地位，以及执行党和国家决策部署、发展规划、产业政策等功能；经济功能导向型国有企业以获得利润和实现国有资本保值增值为核心目标，在参与国内国际竞争、促进国民经济发展方面发挥主导作用；社会功能导向型国有企业主要是为满足广大人民群众的公共需求而设立的国有企业，主要负责提供公共产品和公共服务，承担社会责任、维护社会稳定、保障和改善民生，最终促进人的自由全面发展、实现社会和谐。

当然，这种划分方式不是绝对的，只是从国有企业功能定位的角度出发为国有企业分类提供的一种思路。虽然从整体上来看，我国国有企业集政治、经济和社会功能于一身，但就某一类或者某一家国有企业来说，其具体属性、功能定位和发展目标是明确的。因此，应从宏观和微观两个层面明确国有企业功能，在此基础上对国有企业进行功能导向的分类，并准确界定不同类型国有企业的属性、功能，从而制定相应的改革和监管策略。国有企业功能的清晰化、分类的科学化将有利于国有企业的战略调整，促进国有资本在不同产业和不同行业的优化配置，激发国有资本活力，提高国有企业经营效率，从而不断增强国有资本的控制力、带动力和影响力，发展壮大国有经济。

## 第二节　推进混合所有制改革，强化国有企业功能[*]

积极发展混合所有制经济已经成为新形势下全面深化国有企业改革、完善我国基本经济制度的重要内容和关键环节。2013年，《决

---

[*] 此部分核心内容已发表于《马克思主义研究》2017年第3期和《理论导刊》2017年第2期。

定》第一次明确提出要"积极发展混合所有制经济。国有资本、集体资本、非公有资本等交叉持股、相互融合的混合所有制经济，是基本经济制度的重要实现形式"。因此，应在准确理解国有企业混合所有制改革的科学规定的基础上，通过有序推进混合所有制改革，从而强化国有企业功能。

## 一、准确理解国有企业混合所有制改革的科学规定

第一，准确理解习近平总书记关于发展混合所有制经济的重要论述。

习近平总书记在关于《中共中央关于全面深化改革若干重大问题的决定》的说明中指出："全会决定坚持和发展党的十五大以来有关论述，提出要积极发展混合所有制经济，强调国有资本、集体资本、非公有资本等交叉持股、相互融合的混合所有制经济，是基本经济制度的重要实现形式，有利于国有资本放大功能、保值增值、提高竞争力。这是新形势下坚持公有制主体地位，增强国有经济活力、控制力、影响力的一个有效途径和必然选择。"

从这一论述中我们可以得出国有企业混合所有制改革的几条原则。其一，国有企业引入其他资本，要有利于国有资本放大功能、保值增值、提高竞争力。其二，通过国有企业混合所有制改革，要有利于坚持公有制主体地位，增强国有经济活力、控制力和影响力。要从所有制性质上区分我国国有企业同资本主义国家国有企业的不

同，认清我国国有企业是社会主义经济基础的支柱，这是我们通过积极发展混合所有制经济，深化国有企业改革的科学前提[①]。其三，强调三种资本类型，不仅包括国有资本与非公有资本两种类型，还有集体资本这一重要类型。也就是说，国有资本除了与非公有资本相互交叉持股外，还可以与集体资本相互交叉持股，通过国有资本与集体资本相互交叉持股、国有资本与非公有资本相互交叉持股以及国有资本之间相互交叉持股等多种形式，促进不同所有制性质的企业增强经济活力，实现原有资本的保值增值。

此外，习近平总书记多次强调必须坚持"两个毫不动摇"的发展理念，即"毫不动摇巩固和发展公有制经济，毫不动摇鼓励、支持、引导非公有制经济发展"。针对非公有制企业发展混合所有制，习近平总书记在关于《中共中央关于全面深化改革若干重大问题的决定》的说明中指出："鼓励非公有制企业参与国有企业改革，鼓励发展非公有资本控股的混合所有制企业，鼓励有条件的私营企业建立现代企业制度。"首先，这里的用词是"鼓励"，而不是"必须"。"鼓励"可以包括态度上的支持、行动上的促成，具体地说，可以是某些政策上的支持，比如在融资渠道的拓宽上给予政策支持，在税收上给予政策优惠等。其次，鼓励非公有制企业参与国有企业改革，这里的重点是鼓励参与，"参与"不是"主导"，更不是利用"参与"

---

① 项启源，何千强. 科学理解和积极发展混合所有制经济：关于改革和加强国有企业的对话[J]. 马克思主义研究，2014（7）：8-9.

变成国有企业的控股主体。最后，鼓励发展非公有资本控股的混合所有制企业，这是强调非公有制企业自身发展模式的方向也是混合所有制，意味着同样鼓励公有资本的加入。

第二，明确资本主义混合经济与社会主义混合所有制经济的本质区别。

资本主义混合经济是指资本主义社会中多种经济成分并存，强调既发挥市场调节作用，又主张政府对经济干预的经济形态。资本主义混合经济由来已久，混合经济的概念是由美国经济学家阿尔文·汉森在1941年发表的《财政政策和经济周期》中最早提出并进行系统解释的。汉森在凯恩斯国家干预学说的基础上论述了其混合经济理论。汉森认为，19世纪末期以后大多数资本主义国家已不再是单一的纯粹的私人资本主义经济，而是同时存在着"社会化"的公共经济，因而成为"公私混合经济"（或称为"双重经济"），即生产领域国有企业与私人企业并存的"公私混合经济"以及收入与消费方面公共卫生、社会安全、福利开支与私人收入消费并存的"公私混合经济"。[①] 在他看来，这种混合经济比纯粹的私人经济更加优越，能够克服市场经济的一些弊病，但又不同于集权式的计划经济。市场经济仍然是整个国家经济的基础，但是政府在经济中越来越发挥着不可替代的作用。[②] 汉森的学生保罗·萨缪尔森进一步发

---

① 郭飞.发展混合所有制经济与国有企业改革[N].光明日报，2014-04-02（15）.
② 王荣森.从大时代角度看混合所有制[N].经济参考报，2014-09-01（8）.

展了资本主义混合经济理论。萨缪尔森发现，无论是无管制的资本主义制度还是过度管制的中央计划体制，都不能有效地组织起一个真正现代化的社会。因此，他认为应发展混合经济，由国家机构和私人机构共同对经济实行控制，但是，国家对经济的调节和控制更为重要。在他看来，纯粹的资本主义不可能实现自我监管，它始终会加剧不平等性，造成宏观经济的不稳定性。虽然理性监管永远无法做到完美，但它是一个优于其他的目标。在萨缪尔森眼中，混合经济的实质仍然是带有国家干预色彩的以私人经济为基础的市场经济。

西方学者对混合经济的理解和研究基于政府与市场二元对立的视角，认为政府与市场各有弊端，应在私有制基础上发挥政府对经济的调控和干预作用，从而维护市场机制的正常运行。资本主义国家通过发展混合经济，既发挥了市场机制灵活、机动、高效的优势，同时又借助政府的干预对市场机制固有的弊端进行调控。混合经济作为资本主义国家在基本制度不变前提下的一种次优选择，无论在宏观经济发展还是微观经济活动中都发挥了重要作用，这也是当今资本主义国家普遍发展混合经济的重要原因所在。

我国社会主义混合所有制经济的发展，经历了从突破单一公有制到多种所有制融合发展的演进过程。改革开放后，我国逐步建立了以公有制为主体、多种所有制经济共同发展的基本经济制度。随着改革开放的深入，我国公有制经济和非公有制经济相互融合，混合所有制经济不断发展、完善。党的十五大报告在阐释我国基本经济制度时充分肯定了发展混合所有制经济的重大意义,党的十六届三中全会强调要使股份制成为公有制的主要实现形式,此后中央文件多次强调要积极发展混合所有制经济,特别是党的十八届三中全会第一次明确提出要"积极发展混合所有制经济。国有资本、集体资本、非公有资本等交叉持股、相互融合的混合所有制经济,是基本经济制度的重要实现形式",再次为社会主义混合所有制经济注入了新的内涵。

因此,资本主义混合经济与社会主义混合所有制经济具有本质区别。第一,资本主义生产资料的私人占有决定了资本主义混合经济是私有制占主体,因此仍然是体现资本主义性质的经济形式;公有制占主体的社会主义基本经济制度决定了社会主义混合所有制经济具有社会主义性质,在当前具体体现为代表公有制的国家资本在社会主义混合所有制经济中占主体地位,起主导作用。第二,资本主义混合经济产生和建立在资本主义基本制度的框架下,是资本主导的混合经济,以实现资本价值增值为根本目的;社会主义混合所有制经济产生和发展于社会主义制度内,是中国特色社会主义理论的内在要求和实践发展的必然趋势,以实现国家整体利益和广大人民根本利益为目标。第三,资本主义混合经济是国家干预和市场调节、私人垄断和自由竞争相互博弈、长期演化的最终结果,因此,是一种被动的选择;而社会主义混合所有制经济是以公有制为主体、多种所有制经济共同发展的基本经济制度的内在要求和集中体现,是我国经济发展阶段性特点的现实需求,符合生产力决定生产关系的马克思主义基本原理，因此，是一种必然的发展战略和积极的制度安排。[1]

## 二、坚持生产力标准，推进国有企业混合所有制改革

国企混改的根本目的是做强做优做大国有企业，进一步解放和发展国有企业生产力。坚持生产力标准是我国改革开放四十多年来在改革标准问题上取得的一条基本经验，也是推进国企混改应该明确坚持的根本标准。

首先，国企混改要有利于提高国企效率，增强国企竞争力。效率和竞争力是企业生产力的重要体现，并且二者密切相关。企业效率是企业竞争力的一个重要方面，企业效率的提高有助于企业整体竞争力的增强。通过混改进一步提高国企效率，进而增强国企竞争力是坚持生产力标准、推进国企混改的内在要求。因此，可以优先对效率低下、效益不好、竞争力薄弱的国企进行混改。

一方面，针对当前部分国企经营不佳、效益不高的状况，通过混改引入民营资本和社会资本，改善国企资本结构和产权结构，扩大国有资本的支配范围，增强国有经济的活力、控制力和影响力，从而提高国企经营效率，增强国企整体竞争力。另一方面，针对部

---

[1] 陶惠敏，张紫君.社会主义混合所有制经济的"身体模型"：基于国企与民企协调发展的视角［J］.理论导刊，2017（2）：42-46.

分国企存在的管理僵化、体制机制陈旧等问题，通过混改引入战略投资者，不断完善现代企业制度，建立科学的法人治理、激励约束并重的管理架构和运行机制，从而提高国企管理效率，激发企业活力。国企混改本身并不是目的，而是手段，是通过调整不同所有制经济之间的关系来促进生产力发展的手段。通过混改引入非公有资本，从而使各种资本在企业内部相互融合，放大原有资本的功能。同时，发挥不同种类资本的比较优势，实现这些资本的协作制衡、优势互补，进而形成有利于国企参与市场竞争的治理结构和运行机制，有利于解放和发展国企生产力的生产方式、管理模式、股权结构，从而提高国企运行和国有资本配置效率，增强国有经济的活力、控制力、影响力和抗风险能力。

国企混改在宏观战略上应坚持分类推进和分层实施的基本思路，在具体操作上应遵循"因业施策、因企施策，宜改则改、稳妥推进"的基本原则。要将国企功能分类与混改统一起来，依据国企的不同功能，在科学分类的基础上，稳步推进国企混改。国企混改既要积极稳妥，更要有序有效。要首先明确为什么要"混"、哪些国企要"混"的问题，然后才是怎么"混"的问题。国企混改不是"浑改"，不能"一哄而上""一哄而散"，更不能相信"一混就灵"。混改并不是解决国企所有问题的灵丹妙药和唯一手段，有些国企适合混改，有些国企则不适合，在指导思想上要把是否有利于提高国企生产力作为衡量国企混改的根本标准。针对国企普遍存在的问题，需要进一步明确问题实质，"对症下药"，试点先行。要优先对效率低下、效益不好、竞争力薄弱、管理僵化的国企进行混改，不能仅仅为了求稳和调动非公经济的积极性而对效率高、效益好、竞争力强的国企首先进行混改。国企混改只有坚持生产力标准，才能从根本上有效防止"靓女先嫁""为混而混""一混了之"等现象的出现，真正达到提高国企效率、增强国企竞争力，最终做强做优做大国企的根本目的。

其次，国企混改要有利于促进国企更好地履行社会责任。坚持生产力标准、推进国企混改，不仅要有利于提高国企效率、增强国企竞争力，还要有利于促进国企更好地履行社会责任。国有企业属于全民所有，具有天然的人民属性，是党和国家最可信赖的依靠力量，是坚决贯彻执行党中央决策部署的重要力量，是贯彻新发展理念、全面深化改革的重要力量，是实施"走出去"战略、"一带一路"建设等重大战略的重要力量，是壮大综合国力、促进经济社会发展、保障和改善民生的重要力量，是我们党赢得具有许多新的历史特点的伟大斗争胜利的重要力量。当前国企混改更多地强调通过混改使其更好地承担在提高经济效率、转换经营机制、改善治理结构、适应和引领经济发展新常态方面的经济责任，而对于促进其履行社会责任方面强调得不够。通过混改，坚定不移地做强做优做大国企，促进国企更好地履行社会责任，既是国企本质属性的集中体现，也是推进国企混改的应有之义。

履行社会责任也是一种生产力。对于国企而言，履行社会责任与承担经济责任同等重要。从长远来看，履行社会责任不仅不会增加国企负担，还会成为国企做强做优做大的一项重要生产力。作为全民所有制企业的国有企业是维护广大人民群众根本利益的经济支撑，是促进广大人民群众实现共同富裕的物质基础，是自觉履行社会责任的引领者和示范者。社会主义国有企业最根本的社会责任是维护好社会主义制度的经济基础，使国有资本保值增值，提高社会主义国家的整体实力和综合竞争力。坚持按劳分配为主体，改善收入分配，将社会发展的成果更多地惠及人民，最终有利于人的自由全面发展——这一切最终的核心都是为了劳动人民的长远利益和根本利益，是以人为本而非以资本为中心[1]。这也是资本主义发展混合经济与我国发展混合所有制经济的根本区别所在。资本主义混合产权制度是为了缓解资本主义的基本矛盾，缓和阶级关系，是为私人垄断企业获得高额垄断利润服务的，因而资本社会化和法人资本所有制都无法从根本上改变资本主义私有制的性质。而发展以生产资料公有制为主体的社会主义混合所有制经济，根本目的是维护全体人民的根本利益[2]。中华人民共和国成立以来，特别是改革开放以来，国有企业在取得巨大发展成就的同时，为我国经济社会发展、科技进步、国防建设、民生改善等方面做出了历史性贡献。我国国有企业主要通过上缴税金、改善民生、拉动就业、承担改革成本等方式履行社会责任。财政部网站公布的数据显示，2015年央企国有资本

---

[1] 丁晓钦，陈昊.国有企业社会责任的理论研究及实证分析[J].马克思主义研究，2015（12）：68-79.

[2] 刘凤义，崔学东，张彤玉.论发展混合所有制经济的客观规律：兼谈《关于深化国有企业改革的指导意见》的学习体会[J].马克思主义研究，2016（1）：65-74.

经营总收入为1612.92亿元，其中用于补充社保基金、解决历史遗留问题及支付改革成本的就达382.38亿元，占总收入的23.71%，国企纳税总额（非金融类国企）达38598.7亿元，更是占全国总税收的35%。另外，国企还主动参与扶贫助教、慈善捐助等公益活动。可见，国企在履行社会责任方面发挥着越来越重要的作用。

促进国企更好地履行社会责任是推进国企混改的一项重要内容，也是国企本质属性的体现。国企通过承担改善民生、保障公共安全、保护环境等社会责任，能够不断提高企业的社会信誉度和信任度，更好地树立负责任的国企形象，得到社会更多的认可和支持，从而为国企发展创造良好的社会环境和舆论环境。自觉履行社会责任还能够使国企在争取政策支持、参与市场竞争、发掘人力资源、开展国际合作等方面获得比较优势，对于国企科学持续健康发展具有重要的战略性价值。同时，国企的不断发展壮大又会为国企更好更多地履行社会责任提供有力的物质基础和可靠保障。

## 第三节 加强国有资本管控，强化国有企业功能

国有企业深化改革的过程始终伴随着国有经济管理模式的转变，国有经济管理模式直接关系到国有经济功能的发挥以及国有企业改革的成败。改革开放以来，我国国有经济管理模式经历了一系列深

刻变革和演进，每一次转变都有其特定的历史背景和内在逻辑。党的十八届三中全会以后，我国国有经济管理模式转变开始逐渐进入以国有资本管控为主的阶段，加强国有资本管控成为当前全面深化国有企业改革的重点和突破口。因此，在全面深化国有企业改革的新时期，在国有经济管理模式转变的新阶段，探讨我国国有经济管理模式的转变过程、内在逻辑转换以及如何加强国有资本管控、强化国有经济功能等具有重要意义。

## 一、我国国有经济管理模式的转变过程及内在逻辑转换

第一，我国国有经济管理模式经历了从国有企业管理到国有资产管理再到国有资本管控的转变。

改革开放四十多年来，伴随着国有企业改革的不断推进和深入，我国国有经济管理模式大致经历了两个阶段的转变过程，即从国有企业管理到国有资产管理的转变和从国有资产管理到国有资本管控的转变。

在我国计划经济时期，国家既是国有企业的实际所有者，同时也是国有企业的经营者和管理者。改革开放初期，国有经济管理模式以管企业为主。国家以整个国有企业作为管理对象，集管人、管事和管资产于一体，呈现出"五龙治水"、多头管理的状态，同时还导致"企业办社会"的局面。国有企业仍然作为政府的附属物存在，具有较强的行政性，政企不分，国家与国有企业之间的关系长期没

有实质性改善。以管企业为主的国有经济管理模式是高度集中的计划经济体制的产物，在计划经济体制下，决策高度集中、国有国营、政府对企业承担无限责任、所有权与经营权不分、企业无经营自主权、采用行政手段管理，就成了我国原有的国有资产管理体制的基本特点。[1]

为了改善国家与国有企业之间的关系，解决政企不分、多头管理、"企业办社会"等一系列问题，从20世纪80年代开始，中央和地方政府就开始探索国有经济管理模式从管企业向管资产转变。早在1987年，深圳便成立了我国第一个专门从事国有资产管理的机构——深圳市投资管理公司。1988年，国务院设立了国家国有资产管理局，简称国资局，之后按照"统一政策和分级管理"的原则，逐步建立起从中央到地方的国有资产管理体系。[2] 国资局的成立拉开了我国国有经济管理模式深层次改革的序幕。

以国有资产管理为主的国有经济管理模式在长期探索中不断发展、完善。经过十多年的探索和改革，我国国有企业管理体制改革取得了很大进展，到20世纪90年代末，以管资产为主的国有经济管理模式在制度上基本形成，但是由于缺乏在市场经济条件下管理国有资产的成熟经验，国有经济管理模式的转变尚未一步到位，仍

---

[1] 吕政，黄速建.中国国有企业改革30年研究[M].北京：经济管理出版社，2008：66.

[2] 李俊江，史本叶，侯蕾.外国国有企业改革研究[M].北京：经济科学出版社，2010：251.

然处于"允许和鼓励地方试点,探索建立国有资产管理的具体方式"的阶段。总体来看,十几年的国有企业管理体制改革进展相对缓慢,过程也较为坎坷,离既定目标还有较大差距,这也反映出我国国有经济管理模式转变和国有企业改革过程的复杂性和任务的艰巨性。

长期以来,国有经济管理模式遵循资产管理的基本理念和思路,以资产保值增值为基本目标,不可避免地导致管理者过分重视对物化形态国有资产的管理,轻视对以价值形态存在的国有资本的运营,从而造成了国有企业技术落后、经营效益不好、国有资产闲置以及国有资产流失等一系列问题。

进入21世纪,国有企业改革继续深化,国有经济管理模式开始逐步从管资产向管资本转变。2013年,《决定》第一次明确提出"以管资本为主加强国有资产监管",标志着我国国有经济管理模式从管资产向管资本转变的不断深化。经过长期的改革实践过程,以国有资本管控为主的国有经济管理模式逐渐形成并在探索中不断完善,国资委成为加强国有资本监管的机构,肩负着放大国有资本、保值增值、提高竞争力、保障和改善民生的重大使命,这也是市场在资源配置中从起基础性作用向起决定性作用转变的体现和要求。

资本管控(Capital Control)的概念最早是由Christopher J.Neely在1999年提出来的,他认为资本管控是指通过任何政策来限制或改变资本交易,主要是针对资本流出流入的管控。[1] 资本管控最早出

---

[1] Neely C J.An introduction to capital controls [J].Federal Reserve Bank of St Louis Review,1999,81:15.

现在第一次世界大战期间，当时为了应对战争而针对资本流出进行了管控。第二次世界大战期间，为了应对战争所造成的经济衰退，在需求管理下对资本流入也进行了相应的管控。由于这两次资本管控都是发生在战争期间，因此具有很强的军事色彩和行政色彩，属于国家政治和战略性的资本管控。真正现代意义上的资本管控是在2008年国际金融危机影响下进行的资本管控，这是全球资本管控的突破点。一些国家为了防止本国金融体系因受国际金融危机影响而陷入流动性危机，采取了干预政策来控制资本流动性，加强金融监管和资本管控。

资本管控与资产管理既有联系又有区别。资本管控离不开资产管理，同时又区别于资产管理。一是对象不同。资产管理的对象是以实物形态存在的资产；资本管控的对象则是以价值形态存在的资本。二是方式不同。资产管理带有浓厚的行政管理色彩，主要采用行政手段通过企业对资产实行微观管理；资本管控更多地采用市场化的手段从宏观上调控资本的投资运营，从而保证资本不断增值。三是重点不同。资产管理的重点在"管"，一方面是管理企业遗留下来的不良资产，另一方面是管理企业大量存在的固定资产；资本管控在"管"的同时更加强调"控"，将"管""控"结合，通过对资本的投资、运营和监管，管控资本投资方向、提高资本运作效率、控制资本运营风险。四是方向不同。资产管理在最终方向上虽然具有产生利润的可能性，但并不必然产生利润，不能反映其与利润、增值之间的动态关系；资本管控是通过资本投资运作从而实现增值，因此在最终方向上具有产生利润的必然性。

第二，我国国有经济管理模式转变背后的内在逻辑转换。

我国国有经济管理模式转变是一项复杂的系统工程，要真正实现从国有企业管理到国有资产管理再到国有资本管控的转变，是规律、价值、情景等因素综合集成的结果，体现为社会主义市场经济建设规律、国有经济改革发展实践以及国有经济价值目标导向的综合集成和相互作用。国有经济管理模式转变过程的背后实际上是社会主义市场经济发展理念、国有经济功能定位的内在逻辑转换。

一方面，从国有企业管理到国有资产管理再到国有资本管控的转变过程蕴含着社会主义市场经济发展理念的内在逻辑转换。国有资产管理体制改革、国有经济管理模式转变本身既是社会主义市场经济发展完善的内在要求，也是社会主义市场经济不断深化的具体体现。以国有企业管理为主的国有经济管理模式是计划经济体制下的思维方式和行为逻辑的延续；以国有资产管理为主的国有经济管理模式是社会主义市场经济发展初期、市场发育尚不成熟情况下的一种探索；以国有资本管控为主的国有经济管理模式则是社会主义市场经济不断完善情况下形成的。国有经济管理模式从国有企业管理到国有资产管理再到国有资本管控的转变过程体现了我们对社会主义市场经济认识的不断转变和深化，体现了从计划经济逻辑和思维到市场经济逻辑和思维的转换，以及市场作用从基础性到决定性的转变。

另一方面，国有经济管理模式从国有企业管理到国有资产管理再到国有资本管控的转变过程体现了国有经济功能定位的转变。我国国有经济功能定位在不同的国有经济管理模式下具有较大差异，带有明显的时代印记。在以国有企业管理为主的国有经济管理模式下，国有经济承担了过多的经济社会功能，政企严重不分，导致"企业办社会"现象，很大程度上削弱了国有经济的整体竞争力，降低了国有经济的经济效率和整体活力。在以国有资产管理为主的国有经济管理模式下，国有经济功能定位经历了一个重大的战略调整过程。国有经济的主导作用不再体现为数量和规模的绝对比重，而是体现为对关系国民经济命脉的重要行业和关键领域的控制力。经过"放开搞活""抓大放小""战略调整"等阶段的改革，国有经济过多的社会功能得到有效剥离，在经济社会发展中的功能定位进一步清晰。在以国有资本管控为主的国有经济管理模式下，国有经济的功能定位集中体现为国有资本的功能定位，国家通过对国有资本投资方向的管控来调节国有经济的战略布局，实现国有经济的功能。在这种情况下，国有经济的主导作用更加明显地表现为国有资本对整个国民经济的控制力、影响力和带动力。

## 二、坚持和加强党的领导，深化国有企业改革

坚持党的领导，是中国特色社会主义最本质的特征，也是我国国有企业的独特优势。坚定不移把国有企业做强做优做大，最根本的是加强党的领导。2015年，中共中央办公厅印发《关于在深化国有企业改革中坚持党的领导加强党的建设的若干意见》，对在深化国

有企业改革中坚持党的领导、加强党的建设进行了战略部署并提出具体要求。在全面深化改革的新时期，国有企业改革也进入攻坚期和深水区，坚持党对国有企业的领导、加强国有企业党的建设，对于深化国有企业改革尤为重要。

为什么深化国有企业改革必须坚持党的领导？第一，中国共产党的根本宗旨与国有企业的性质具有内在一致性，坚持党的领导有利于更好地体现国有企业全民所有的根本性质。第二，中国共产党是国有企业的领导核心和政治核心，坚持党的领导能够为更好地发挥国有企业应有的功能提供政治保障。第三，国有企业坚持党的领导与完善公司治理有机统一，是中国特色社会主义现代国有企业制度的重大创新和独特优势。建立中国特色社会主义现代国有企业制度，是国有企业改革的重要方向，其核心就在于将党组织作为公司法人治理结构的重要组成部分，将国有企业坚持党的领导与完善公司法人治理有机统一，充分发挥国有企业党组织和公司法人治理两个优势。这是中国特色社会主义现代国有企业制度的重大创新，也是我国国有企业的独特优势。

在深化国有企业改革过程中，如何坚持和加强党的领导？首先，坚持党对国有企业改革的政治领导，保障国家方针政策、重大决策在国有企业贯彻执行。2016年10月10日，习近平总书记在全国国有企业党的建设工作会议上强调："国有企业党组织发挥领导核心和政治核心作用，归结到一点，就是把方向、管大局、保落实。"在新形势下，国有企业作为落实国家重大战略部署的"领头羊"，承担着重大的社会责任，这也意味着国有企业面对的挑战更大、困难更多，因此，深化国有企业改革首先就是要坚持党的政治领导。其次，坚持党对国有企业改革的思想领导，提高国有企业领导人员的党性修养，从而使国有企业更好地为国家经济大局服务。2016年10月10日，在全国国有企业党的建设工作会议上，习近平总书记指出："党和人民把国有资产交给企业领导人员经营管理，是莫大的信任。"国有企业的领导人员关系到国有企业的发展方向和成败，而国有企业的改革发展又关系到整个国民经济和民生动向。如果国有企业领导人员在思想上没有拧紧"螺丝"，那么势必会导致整个企业的方向"走偏"。因此，要坚持党对国有企业改革的思想领导，不断提高国有企业领导人员的思想认识水平，提高党性修养，使其将人民利益放在最高位置，只有如此国有企业才能更好地服务于国家发展大局和人民生活福祉。最后，坚持党对国有企业改革的组织领导，完善国有企业内部监督体系，将企业效益和政策执行进行深度有效融合。坚持党对国有企业改革的组织领导，就是要优化国有企业领导队伍的组成和建设，完善相关监督管理体系，保障国有企业在长效、可持续发展的同时，更好地为国家大政方针和重大战略服务，从而达到企业效益和政策执行深度融合。

## 三、优化政府职能，加强国有资本管控

优化政府职能是加强国有资本管控、强化国有企业功能的内在

要求。国有经济管理模式体现的是政府、国有企业以及市场的相互关系，国有经济管理模式的转变实质上是政府、国有企业以及市场相互关系的转变。习近平总书记在党的十八届二中全会第二次全体会议上明确指出："转变政府职能是深化行政体制改革的核心，实质上要解决的是政府应该做什么、不应该做什么，重点是政府、市场、社会的关系，即哪些事该由市场、社会、政府各自分担，哪些事应该由三者共同承担。"因此，国有经济管理模式要真正实现由资产管理向资本管控转变，首先要加快政府职能的转变，进一步优化政府职能。优化政府职能是加强国有资本管控、深化国有企业改革的内在要求。

政府职能是经济理论与实践中最基本也是最具争议的问题之一。西方经济理论对于政府职能的关注和研究由来已久，根据其对政府职能的不同理解，可将政府职能理论主要分为两类，即自由主义的政府职能理论和国家干预主义的政府职能理论。古典自由主义认为政府的主要职能是最大限度地保障个人的自由权、生命权和财产权等，奉行"管得最少的政府就是最好的政府"。在古典自由主义的代表人物亚当·斯密看来，政府应该仅仅扮演"守夜人"或者"警察"的角色。新自由主义对政府干预社会、经济领域的行为进行了反思，认为政府的职能应尽可能地缩小，"市场的缺陷并不是把问题转交给政府去处理的充分理由"[1]。新自由主义的代表人物诺齐克从政治哲学

---

[1] 布坎南.自由、市场和国家[M].吴良健，桑伍，曾获，译.北京：北京经济学院出版社，1988：译者前言.

的视角出发，强调个人权利是神圣不可侵犯的，政府职能的不断扩大会损害公民个人的权利与自由，并由此提出最好的国家是"最弱意义的国家"，任何企图超越"最弱意义的国家"的政府职能都是不道德的。[1] 国家干预主义的政府职能理论在批判自由主义的基础上认为，政府应该积极扩大其基本的职能，尤其是扩大其经济职能，对经济进行强有力的干预。其代表人物萨缪尔森基于"市场失灵"，将政府的基本职能定位为确立法律框架、改善经济效率、促进收入公平以及支持宏观经济稳定等。[2]

无论是自由主义的政府职能理论还是国家干预主义的政府职能理论，都是基于政府与市场二元对立的视角来探讨政府的职能，将政府与市场的关系理解为此消彼长的关系。然而，这不仅在理论逻辑上经不起推敲，在发展实践中也缺乏客观依据，尤其是从我国来看，改革开放以来经济社会发展所取得的巨大成就充分证明，社会主义市场经济能够实现政府与市场的融合发展。

党的十八届三中全会总结国内外历史经验，立足于当前我国经济社会发展实际，对政府与市场的关系进行了重新定位，提出了使市场在资源配置中起决定性作用和更好发挥政府作用的重要论断，为全面深化改革指明了方向。同时要求必须积极稳妥从广度和深度

---

[1] 诺齐克.无政府、国家和乌托邦[M].姚大志，译.北京：中国社会科学出版社，1991：168.

[2] 萨缪尔森，诺德豪斯.经济学[M].萧琛，等译.北京：北京经济学院出版社，1996：552.

上推进市场化改革，大幅度减少政府对资源的直接配置，推动资源配置依据市场规则、市场价格、市场竞争实现效益最大化和效率最优化。将政府的职能主要定位为保持宏观经济稳定，加强和优化公共服务，保障公平竞争，加强市场监管，维护市场秩序，推动可持续发展，促进共同富裕，弥补市场失灵。

因此，应该在党的十八届三中全会关于政府职能定位的基本要求下进一步优化政府职能，加强国有资本管控，发展壮大国有经济。首先，明确政府与市场的关系不是此消彼长的对立关系，而是相互协调、互补共生的关系。市场在资源配置中起决定性作用，而不是起全部作用，更不是否定政府的作用，要在强调市场决定性作用的同时重视更好地发挥政府的作用。科学的宏观调控和有效的政府治理是发挥社会主义市场经济体制优势的内在要求。其次，管控结合，加强国有资本运作。"管"是以企业管理、资产管理为主的国有经济管理模式下政府的行为逻辑和行为方式，而在以资本管控为主的国有经济管理模式下，政府应该将管控结合，加强国有资本的投资运作，放大国有资本功能。具体来说，包括管控国有资本投资方向、提高国有资本运作效率、控制国有资本运营风险等。最后，加强国有资本管控要转变国资委的职能。国有资产管理模式下国资委是国有企业、国有资产的管理委员会，而国有资本管控模式下，国资委要转变为国有资本的管控委员会，其职能主要是管控国有资本投资运营公司，把握国有资本投资方向，实现国有资本保值增值，而非直接管理国有企业。

## 四、控制国有资本投资方向，防止国有资产流失

控制国有资本投资方向、防范系统性金融风险、防止国有资产流失是加强国有资本管控、深化国有企业改革的基本底线。加强国有资本管控为深化国有企业改革提供了新的方向和思路，同时也带来了新的风险和挑战。为应对挑战、降低风险，必须坚守控制国有资本投资方向、防范系统性金融风险、防止国有资产流失的基本底线。

资本具有两重性，即本然属性和他然属性。资本的本然属性是资本自身所具有的属性。资本自身的属性是资本成为资本其自身所具有的属性，是资本作为自己运动的主体所具有的自己运动的规律性。这种属性表现为资本要不断扩张、变化形态、规避风险、实现价值增值。资本的他然属性是指资本因运作的社会主体不同而具有的属性。资本的他然属性表现为资本归谁所有、资本收益分配权属的规定性，这是资本的运作主体在驾驭资本的运动时所表现出来的属性。[1] 这是一个双重属性的叠加，如果资本运作主体重视、肯定并利用资本的本然属性，顺应资本运动的规律性，引导资本良性运行，实现合理合法的增值，资本就能在经济社会发展中起重要作用。[2]

---

[1] 王宏波，陶惠敏.中西国有企业的性质和功能比较［J］.思想理论教育导刊，2015（7）：76.

[2] 王宏波，任映红.当前资本良性运营的引导和规范［J］.探索，2013（4）：86.

以国有资本管控为主的国有经济管理模式，对国有资本的运作主体提出了更高的要求。资本运作的主体与资本运动的主体不同，它是运作资本的社会主体，社会主体的目的和利益是通过对资本的运作，形成资本的运动来实现的。社会主义社会与资本主义社会的区别不在于有没有资本，而在于资本体现和反映着什么样的社会经济本质。社会主义企业的资本运动为社会主义服务，资本主义企业的资本运动为资本主义服务，这是因为社会经济系统的性质规定着资本运动的目的。[①]在社会主义市场经济条件下，国家通过对国有资本的管理和调控，主导国有资本的运作方式，调控国有资本的运动方向，规避国有资本的运营风险，防止国有资产流失，使国有资本运动过程及其结果真正为社会主义经济发展服务，这应该是当前加强国有资本管控、深化国有企业改革的基本底线。

具体来说，首先，控制国有资本投资方向。国有资本投资运营要服务于国家战略目标，更多投向关系国家安全、国民经济命脉的重要行业和关键领域，重点提供公共服务、发展重要前瞻性战略性产业、保护生态环境、支持科技进步、保障国家安全。其次，防范系统性金融风险。尽管我国金融市场发展迅猛，金融组织体系不断健全，但是我国金融市场仍然不稳定，因此，加强国有资本运作，必须注意防范系统性金融风险。为此，一方面，要准确界定中央和地方政府的金融监管职责，落实金融监管改革措施和稳健标准，建

---

① 王宏波.资本的双重属性与经济全球化的两种走向[J].教学与研究，2002（8）：35.

立健全监管协调机制，同时加强金融基础设施建设，保障金融市场安全高效运行和整体稳定；另一方面，要充分发挥国有大型银行在稳定金融市场、防范金融风险方面的保障和调控作用。最后，防止国有资产流失。在当前全面深化国有企业改革的背景下，加强国有资本管控要坚守防止国有资产流失的底线。中央全面深化改革领导小组第十三次会议通过的《关于加强和改进企业国有资产监督防止国有资产流失的意见》指出，防止国有资产流失，要坚持问题导向，立足体制机制制度创新，强化国有企业内部监督、出资人监督和审计、纪检监察、巡视监督以及社会监督，加快形成全面覆盖、分工明确、协同配合、制约有力的国有资产监督体系。

# 第七章

## 结论与展望

## 第一节 主要研究结论

国有企业功能定位是理论界关于国有企业争论背后的焦点问题，也是深化国有企业改革的逻辑前提和基本理论命题。本书从马克思主义基本理论出发，坚持运用马克思主义基本立场、观点和方法，对我国国有企业功能定位进行具体的、历史的、辩证的分析。本书从理论和实践两个维度，基于纵向历史演变与横向国际比较的双重视角，对国有企业功能定位进行立体化、系统化研究。同时，研究提出准确界定我国国有企业功能的新框架、新思路，并在此基础上探索以功能定位为核心推进国有企业全面深化改革的基本思路。通过以上研究工作，本书得出的主要研究结论如下。

第一，在中国化马克思主义的指导下，我国国有企业改革不断推进，国有企业功能定位也经历了一个动态的历史演变过程。因此，要坚持历史唯物主义的基本视角和分析方法认识、评价我国国有企业的地位和作用。

改革开放前，我国国有企业功能定位的基本特征主要体现在两个方面。一方面，从性质上看，国有企业是执行国家计划的生产单位；另一方面，从功能上看，国有企业为巩固和发展社会主义提供了物质基础和制度支撑。改革开放以来，根据国有企业功能定位的变迁，国有企业改革大致经历了四个阶段，即以放权让利为主要特征的改革阶段（1978—1992年）、以建立现代企业制度为主要特征的改革阶段（1993—2002年）、以战略调整为主要特征的改革阶段（2003—2012年）、以资本运营为主要特征的改革阶段（2013年以后）。

通过考察我国国有企业功能定位的历史演变过程，可以得出以下基本结论：一是国有企业在我国社会主义经济社会发展过程中始终发挥不可替代的功能；二是我国国有企业功能随着经济体制的变革和社会发展阶段的变迁而不断演变；三是我国国有企业的功能不是单一的，而是多元的。同时，我国国有企业功能定位在历史演变过程中，尤其是在某些特定时期暴露出一些问题，具体包括：国有企业承担了较多的政治功能和社会功能；过分强调通过数量优势来发挥国有企业的功能；过分依靠政府力量来发挥国有企业的功能。

第二，虽然国有企业是中西方都采用的企业形式，但我国与西方资本主义国家对国有企业的功能定位具有明显差异。因此，要基于不同社会制度性质的比较，同时着眼于本国经济社会发展的实际情况，科学认识国有企业的功能定位。

从理论层面来看，西方学者对国有企业功能定位有其独特认识。他们将国有企业定位为国家干预经济的有效手段、矫正市场失灵的政策工具，以及提供公共产品和公共服务时的被动选择。另外，新自由主义者则认为国有企业是无效和无用的，因此，主张消灭国有企业。从实践层面来看，西方国有企业在长期的发展过程中表现出一些基本特点，包括：西方国家通过国有企业实现对经济的必要干预；国有企业是西方国家推行国有化和私有化的重要工具；国有企业最终为资本主义经济体系服务。

对于中西方国有企业功能定位的差异,需要从三个逻辑层面进行分析。一是理论逻辑层面。社会主义公有制理论是中国国有企业产生、存在并发挥功能的理论基础和理论依据;西方国有企业则是基于国家干预理论和新自由主义理论的交替演进、长期博弈而产生、存在并发挥功能。二是制度逻辑层面。我国国有企业产生于社会主义制度中,是社会主义公有制的基本实现形式;西方国有企业建立和发展于资本主义制度中,是巩固资本主义私有制的辅助形式。三是实践逻辑层面。中西方由国家性质、社会制度和具体发展阶段决定的不同经济社会发展实践影响着国有企业的性质和功能。当前,在经济全球化背景下,中西方经济社会的不同发展实践主要体现为资本的不同性质和资本运作的不同目的,国有企业作为中西方都采用的一种资本运作方式,其性质和目的截然不同。在西方资本主义发展实践中,遵循资本逻辑,资本占主导地位,资本家集团的利益成为国家利益的核心。国家权力为资本家集团服务,体现的是资本对社会的主导和驾驭。在我国社会主义发展实践中,国有企业是重要的市场主体,体现的是社会对资本的驾驭、管理和运作,通过资本社会化与交叉渗透,使资本为社会主义国家和全社会服务。

第三,基于纵向历史演变与横向国际比较的双重视角分析,我国国有企业的功能定位主要体现为制度支撑、经济主导、民主保障三个层面。

首先,从制度支撑层面看,我国国有企业为社会主义公有制经济提供制度支撑。具体表现为：其一，国有企业是社会主义公有制的实现主体。国有企业作为全民所有制的唯一形式，是社会主义公有制的实现主体。同时，其主体地位的表现形式也在发生着变化，实现了由数量优势到质量优势的转变，以及在资产分布结构变化基础上由绝对比重优势到相对比重优势的转变。其二，国有企业是国有资本的运营主体。在从国有资产管理到国有资本管理的思路转变下，需要从国有资本运行和控制的角度重新界定国有企业的地位和作用，即国有企业是国有资本的运营主体。其三，国有企业通过发展混合所有制统帅国民经济。要将国有企业放在混合所有制经济的整体中来评价，国有企业的主体地位主要体现为其在混合所有制经济中具有控制力和影响力以及能够支配和影响较大的经济规模。

其次，从经济主导层面看，国有企业在我国社会主义经济社会发展中发挥主导作用。具体表现为：其一，国有企业是促进经济发展的主导力量。国有资产广泛分布于国民经济各行业，国有企业是参与国内国际经济竞争的主力军。其二，国有企业是调控经济的主要手段。在国际经济危机下，国家通过国有企业调控经济发展，保证经济安全稳定运行。在经济新常态下，国有企业引导全面深化改革的方向。其三，国有企业是社会责任的主要承担者。国有企业通过提供社会公共服务、满足社会公共需求，积极履行社会责任，努力实现经济功能和社会功能的有机统一。

最后，从民主保障层面看，国有企业是实现人民民主的重要保障。具体表现为：其一，国有企业具有全民所有的根本性质。国有企业的全民属性是由宪法规定的，也是由我国的国家性质决定的。其二，国有企业是保障人民共同利益的重要力量，在维护经济社会稳定和改善民生方面发挥重要作用。其三，国有企业是中国共产党治国理政的重要支柱。国有企业始终坚持在党的领导下充分发挥其在治国理政中的支柱作用。

第四，基于对国有企业功能定位理论依据、历史演变、中西比较的系统研究，本书从国有企业分类改革、混合所有制改革、国有资本管控等层面思考和设计以功能定位为核心深化国有企业改革的基本思路。

国有企业科学分类是全面深化国有企业改革的基础和前提。国有企业科学分类需要建立在准确界定国有企业功能的基础之上，应以功能为核心推进国有企业分类改革，通过分类改革强化国有企业功能。推进混合所有制改革，需要在明确资本主义混合经济与社会主义混合所有制经济本质区别的前提下，准确理解国有企业混合所有制改革的科学规定，坚持生产力标准来推进国有企业混合所有制改革。我国国有经济管理模式经历了从国有企业管理到国有资产管理再到国有资本管控的转变过程，深化国有企业改革，加强国有资本管控，首先要坚持和加强党的领导，其次是优化政府职能，加强国有资本管控，另外还要控制国有资本投资方向，防止国有资产流失，保障国有资本安全。

## 第二节　进一步研究展望

国有企业改革是我国经济体制改革的中心环节，已经经历了四十多年的改革历程，取得了巨大成就。目前，国有企业在朝着不断做强做优做大的方向前进的同时，仍面临一系列艰难而复杂的改革难题。国有企业改革的长期性、艰巨性、复杂性决定了这是一项庞大的系统工程，不可能一蹴而就，同时，也对理论工作者提出了更大的挑战。本书围绕功能定位对国有企业及其改革发展问题进行了探索性研究，尝试为认识和评价国有企业与推进国有企业全面深化改革提供一种新的视角和新的思路。但是，由于笔者理论功底尚浅，对一些问题的认识不够深入，未来还需要继续加强研究。为更加全面深入地推进本课题的研究，今后还需要对以下问题进行探讨。

第一，本书主要从国有企业分类改革、混合所有制改革、国有资本管控等方面提出了国有企业改革的基本思路，但没有细化为具有实际操作性的对策措施。因此，下一步必须结合我国国有企业功能定位以及改革过程中的实际问题，深入研究具有实际操作性的国有企业改革对策措施。

第二，国有企业分类问题不仅是涉及国有企业的基础理论问题，而且是改革过程中的实践性问题。我国国有企业数量之多、涉及的行业领域之广决定了分类的难度很大，需要开展大规模的调查研究和数据分析。本书以功能定位为核心提出了国有企业分类的基本思路，未来还需要继续进行深入的理论论证和系统的调查研究，在此基础上探索切实可行的国有企业分类方式及改革措施。

第三，国有资本投资运营以及资本管控问题是党的十八大以来的理论前沿和热点问题，也是我国发展社会主义市场经济过程中面临的重要现实问题。本书从强化国有企业功能的角度初步探讨了国有资本管控的基本路径，未来还需要在如何增强国有资本活力、管控国有资本运营风险等方面进行系统深入的研究。这也是未来我国全面深化国有企业改革过程中的重点和难点问题。

# 参考文献

[1] Amunkete S, Rothmann S.Authentic leadership, psychological capital, job satisfaction and intention to leave in state-owned enterprises [J]. Journal of Psychology in Africa, 2015, 25 (4).

[2] Arrow K J.The economic implications of learning by doing [J]. Review of Economic Studies, 1962, 29 (80).

[3] Baltowski M, Kozarzewski P.Formal and real ownership structure of the Polish economy: state-owned versus state-controlled enterprises [J]. Post-communist Economies, 2016, 28 (3).

[4] Belloc F.Innovation in state-owned enterprises: reconsidering the conventional wisdom [J]. Journal of Economic Issues, 2014, 48 (3).

[5] Boardman A, Vining R A.Ownership and performance in competitive environments: a comparison of the performance of private, mixed, and state-owned enterprises [J]. Journal of Law and Economics, 1989, 32 (1).

[6] Coase R.The problem of social cost [J]. Journal of Law and

Economics, 1960 (2).

[7] Del Bo C D, Ferraris M, Florio M.Governments in the market for corporate control: evidence from M&A deals involving state-owned enterprises [J]. Journal of Comparative Economics, 2017, 45(1).

[8] Dong Xiaoyuan, Pandey M.Gender and labor retrenchment in Chinese state-owned enterprises: investigation using firm-level panel data [J]. China Economic Review, 2012, 23 (2).

[9] Elliott R, Zhou Ying.State-owned enterprises, exporting and productivity in China: a stochastic dominance approach [J]. World Economy, 2013, 36 (8).

[10] Gylfason T, Herbertsson T, Zoega G.Ownership and growth [J]. The World Bank Economic Review, 2001, 15 (3).

[11] Hu Fang, Tan Weiqiang, Xin Qingquan, et al.How do market forces affect executive compensation in Chinese state-owned enterprises? [J]. China Economic Review, 2013, 25.

[12] Jory S R, Ngo T N.Cross-border acquisitions of state-owned enterprises [J]. Journal of International Business Studies, 2014, 45 (9).

[13] Lu Jingfu, Li Min.How do party organizations' boundary-spanning behaviors control worker unrest? A case study on a Chinese resource-based state-owned enterprise [J]. Employee

Relations, 2017, 39（2）.

［14］Megginson W L, Netter J M.From state to market：a survey of empirical studies on privatization［J］.Journal of Economic Literature, 2001, 39（2）.

［15］Nabin M H, Sgro P M, Nguyen X, et al.State-owned enterprises, competition and product quality［J］.International Review of Economics & Finance, 2016, 43（1）.

［16］Neely C J.An introduction to capital controls［J］.Federal Reserve Bank of St Louis Review, 1999, 81.

［17］Nguyen X.On the efficiency of private and state-owned enterprises in mixed markets［J］.Econmic Modelling, 2015, 50.

［18］Olson M.The rise and decline of nations：economic growth, stagflation, and social rigidities［M］.New Haven：Yale University Press, 1982.

［19］Plane P.Productive efficiency of public enterprises：a macroeconomic analysis based on cross-section of a neoclassical production function［J］.Applied Economics, 1992（24）.

［20］Polanyi K.The great transformation：the political and economic origins of our time［M］.Boston：Beacon Press, 1944.

［21］Rosenstein-Rodan P N.Problems of industrialization of Eastern and Southeastern Europe［J］.Economic Journal, 1943, 53（210/211）.

[22] Sen A.Development as freedom [M]. New York: Oxford University Press, 1999.

[23] Simons H C.Economic policy for a free society [M]. Chicago: University of Chicago Press, 1948.

[24] Stan C V, Peng M W, Bruton G D.Slack and the performance of state-owned enterprises [J]. Asia Pacific Journal of Management, 2014, 31(2).

[25] Telegdy A.Employment adjustment in the global crisis: differences between domestic, foreign and state-owned enterprises [J]. Economics of Transition, 2016, 24(4).

[26] Tso G K F, Liu Fangtao, Li Jin.Identifying factors of employee satisfaction: a case study of Chinese resource-based state-owned enterprises [J]. Social Indicators Research, 2015, 123(2).

[27] Vickers J, Yarrow G.Privatization: an economic analysis [M]. Cambridge: The Mit Press, 1988.

[28] Vining R A, Boardman A.Ownership versus competition: efficiency in public enterprise [J]. Public Choice, 1992, 73(2).

[29] Xie En, Huang Yuanyuan, Shen Hao.Performance implications of ties to large-scale state-owned enterprises and banks in an emerging economy [J]. Asia Pacific Journal of Management, 2017, 34(1).

[30] Yang Chunlei, Modell S.Shareholder orientation and the

framing of management control practices：a field study in a Chinese state-owned enterprise［J］.Accounting Organizations and Society，2015，45.

［31］Ysa T，Gine M，Esteve M.Public corporate governance of state-owned enterprises：evidence from the Spanish banking industry［J］.Public Money & Management，2012，32（4）.

［32］白英姿，马正武，张政军.国有企业功能定位与分类治理［M］.北京：中国财富出版社，2015.

［33］本书编写组.资本主义怎么了：从国际金融危机看西方制度困境［M］.北京：学习出版社，2013.

［34］布坎南.自由、市场和国家［M］.吴良健，桑伍，曾获，译.北京：北京经济学院出版社，1988.

［35］陈刚.国有企业改制中土地资产处置的初步研究［J］.经济地理，2004（6）.

［36］陈建兵.中国特色社会主义政治制度自信及其提升研究［M］.西安：西安交通大学出版社，2016.

［37］陈劲，黄淑芳.企业技术创新体系演化研究［J］.管理工程学报，2014（4）.

［38］陈悦，陈超美，胡志刚，等.引文空间分析原理与应用：CiteSpace实用指南［M］.北京：科学出版社，2014.

［39］陈悦，刘泽渊.悄然兴起的科学知识图谱［J］.科学学研究，2005（2）.

［40］程恩富，方兴起.国企与民企要同舟共进［N］.光明日报，2012-06-10.

［41］崔雷.专题文献高频主题词的共词聚类分析［J］.情报理论与实践，1996（4）.

［42］邓小平文选：第1卷［M］.北京：人民出版社，1994.

［43］邓小平文选：第2卷［M］.北京：人民出版社，1994.

［44］邓小平文选：第3卷［M］.北京：人民出版社，1993.

［45］丁红岩，许丕盛.国有企业改制中土地评估问题［J］.国有资产管理，2001（2）.

［46］丁晓钦，陈昊.国有企业社会责任的理论研究及实证分析［J］.马克思主义研究，2015（12）.

［47］丁晓钦."做强做优做大"：国有企业改革理论与实践的逻辑统———我国国有企业发展历程与展望［J］.当代经济研究，2021（9）.

［48］董辅礽.从企业功能着眼 分类改革国有企业［J］.改革，1995（4）.

［49］董辅礽.著名经济学家董辅礽提出按国企的功能改革国企［J］.领导决策信息，1998（31）.

［50］董伟."国民共进"难在何处［N］.中国青年报，2014-08-20.

［51］符延军，王晓东.国有经济的战略调整与国有企业的进与退研究［J］.当代经济研究，2004（6）.

[52] 傅成玉.发挥制度优势 担当政治责任[J].现代国企研究,2013(4).

[53] 高闯,李枫.建党百年政策推动国有企业演化发展研究[J].经济与管理研究,2021,42(7).

[54] 高明华,杨丹,杜雯翠,等.国有企业分类改革与分类治理:基于七家国有企业的调研[J].经济社会体制比较,2014(2).

[55] 巩固基础,破解难题靠发展:二论做好当前经济工作[N].人民日报,2015-08-04.

[56] 顾钰民.混合所有制经济是基本经济制度的重要实现形式[J].毛泽东邓小平理论研究,2014(1).

[57] 郭飞.发展混合所有制经济与国有企业改革[N].光明日报,2014-04-02.

[58] 郭全中,徐玉德.国企分类改革与企业家激励约束机制设计[J].兰州学刊,2002(6).

[59] 国务院国有资产监督管理委员会党委.坚定不移地推进国有企业改革发展[J].求是,2012(10).

[60] 国务院国资委宣传工作局,国务院国资委新闻中心.国企热点面对面[M].北京:中国经济出版社,2014.

[61] 国务院国资委宣传工作局,国务院国资委新闻中心.国企热点面对面3[M].北京:中国经济出版社,2014.

[62] 汉森.经济政策与充分就业[M].徐宗士,译.上海:上海人民出版社,1959.

[63] 何干强.当代中国社会主义经济[M].北京:中国经济出版社,2004.

[64] 何干强.公有制经济振兴之路[M].北京:企业管理出版社,2014.

[65] 何宗渝,王敏,张辛欣,等.国资委成立十年来国有企业改革发展纪实[EB/OL].中央政府门户网站,2013-05-26.

[66] 洪功翔.国有企业效率研究:进展、论争与评述[J].政治经济学评论,2014(3).

[67] 胡锦涛文选:第3卷[M].北京:人民出版社,2016.

[68] 黄群慧,余菁.新时期的新思路:国有企业分类改革与治理[J].中国工业经济,2013(11).

[69] 黄速建,胡叶琳.国有企业改革40年:范式与基本逻辑[J].南京大学学报(哲学·人文科学·社会科学),2019,56(2).

[70] 黄速建,肖红军,王欣.论国有企业高质量发展[J].中国工业经济,2018(10).

[71] 黄速建,余菁.国有企业的性质、目标与社会责任[J].中国工业经济,2006(2).

[72] 黄挺,张捷,刘金山,等.如何看待"国进民退"现象[N].南方日报,2009-11-04.

[73] 贾可卿.混合所有制背景下的国有企业改革[J].吉林大学社会科学学报,2019,59(5).

[74] 江剑平,何召鹏,刘长庚.论习近平国有企业改革发展思想

的内在逻辑［J］.经济学家，2020（6）.

［75］江泽民.论社会主义市场经济［M］.北京：中央文献出版社，2006.

［76］江泽民文选：第3卷［M］.北京：人民出版社，2006.

［77］姜付秀，王莹，李欣哲.论国有企业的企业家精神［J］.中国人民大学学报，2021，35（5）.

［78］姜涛，吴刚.混合所有制经济理论与实践［M］.北京：社会科学文献出版社，2015.

［79］金碚.中国国有企业发展道路［M］.北京：经济管理出版社，2013.

［80］经济合作与发展组织.国家发展进程中的国企角色［M］.北京：中信出版社，2017.

［81］克劳奇.新自由主义不死之谜［M］.蒲艳，译.北京：中国人民大学出版社，2013.

［82］科斯，王宁.变革中国：市场经济的中国之路［M］.徐尧，李哲民，译.北京：中信出版社，2013.

［83］李俊江，史本叶，侯蕾.外国国有企业改革研究［M］.北京：经济科学出版社，2010.

［84］李政，周希禛.国有企业创新功能的理论逻辑与实现路径［J］.当代经济研究，2020（8）.

［85］林光彬.私有化理论的局限［M］.北京：经济科学出版社，2008.

[86] 林毅夫，蔡昉，李周.充分信息与国有企业改革[M].上海：格致出版社，2014.

[87] 林毅夫.新结构经济学视角下的国有企业改革[J].社会科学战线，2019（1）.

[88] 刘凤义，崔学东，张彤玉.论发展混合所有制经济的客观规律：兼谈《关于深化国有企业改革的指导意见》的学习体会[J].马克思主义研究，2016（1）.

[89] 刘凤义.论发展混合所有制经济中的两个理论问题[J].中国特色社会主义研究，2015（1）.

[90] 刘国光.共同理想的基石：国有企业若干重大问题评论[M].北京：经济科学出版社，2011.

[91] 刘国光.深化对公有制经济地位和作用的认识[N].人民日报，2011-06-21.

[92] 刘泉红.国有企业改革：路径设计和整体推进[M].北京：社会科学文献出版社，2012.

[93] 刘永佶.经济中国：国企改革[M].北京：中国经济出版社，2013.

[94] 刘中桥.中西方国有企业发展比较[M].北京：经济科学出版社，2000.

[95] 柳学信.国有资本的公司化运营及其监管体系催生[J].改革，2015（2）.

[96] 卢江.坚决加强和完善党对国有企业的领导[J].红旗文稿，

2017（5）.

[97] 鲁品越，骆祖望.资本与现代性的生成［J］.中国社会科学，2005（3）.

[98] 罗兰.私有化：成功与失败［M］.张宏胜，等译.北京：中国人民大学出版社，2011.

[99] 罗新宇.国有企业分类与分类监管［M］.上海：上海交通大学出版社，2014.

[100] 吕政，黄速建.中国国有企业改革30年研究［M］.北京：经济管理出版社，2008.

[101] 马费成，李纲，查先进.信息资源管理［M］.武汉：武汉大学出版社，2000.

[102] 马光远.国企如何定位关乎下一步改革成败［N］.中国经营报，2012-03-26.

[103] 毛泽东选集：第1卷［M］.北京：人民出版社，1991.

[104] 毛泽东选集：第2卷［M］.北京：人民出版社，1991.

[105] 毛泽东选集：第3卷［M］.北京：人民出版社，1991.

[106] 毛泽东选集：第4卷［M］.北京：人民出版社，1991.

[107] 莫童.国有资产管理与资本运营［M］.上海：上海交通大学出版社，2008.

[108] 诺德豪斯.经济学：第19版［M］.萧琛，等译.北京：商务印书馆，2013.

[109] 诺德豪斯.萨缪尔森谈效率、公平与混合经济［M］.萧琛，

主译.北京：商务印书馆，2011.

[110] 诺齐克.无政府、国家和乌托邦[M].姚大志，译.北京：中国社会科学出版社，1991.

[111] 诺斯.理解经济变迁过程[M].钟正生，等译.北京：中国人民大学出版社，2012.

[112] 欧成中.国有经济要坚持有所为有所不为[J].经济界，2011（3）.

[113] 逢锦聚，洪银兴，林岗，等.政治经济学：第4版[M].北京：高等教育出版社，2014.

[114] 戚聿东，张任之.新时代国有企业改革如何再出发？——基于整体设计与路径协调的视角[J].管理世界，2019，35（3）.

[115] 钱津.突破点：走进市场的国有企业[M].北京：经济科学出版社，2006.

[116] 曲卫彬.国有企业的功能[J].财经问题研究，1997（8）.

[117] 萨缪尔森，诺德豪斯.微观经济学：第16版[M].萧琛，等译.北京：华夏出版社，1999.

[118] 桑巴特.现代资本主义[M].李季，译.北京：商务印书馆，1958.

[119] 邵奇，吕立志.新时代国有企业党组织职能演变解析[J].马克思主义研究，2019（2）.

[120] 施韦卡特.超越资本主义[M].宋萌荣，译.北京：社会科学文献出版社，2006.

[121] 斯蒂格利茨.经济学：上册［M］.梁小民，等译.北京：中国人民大学出版社，1993.

[122] 斯蒂格利茨.经济学：下册［M］.梁小民，等译.北京：中国人民大学出版社，1993.

[123] 宋笑敏.习近平关于加强国有企业党的建设重要论述［J］.世界社会主义研究，2021，6（10）.

[124] 谭啸.加强党对国有企业的领导至关重要［J］.红旗文稿，2016（17）.

[125] "蹄疾而步稳"，朝着全面深化改革目标前进［N］.光明日报，2014-02-08.

[126] 王宏波，任映红.当前资本良性运营的引导和规范［J］.探索，2013（4）.

[127] 王宏波，陶惠敏.国企混改要有利于解放和发展国有企业生产力［J］.马克思主义研究，2017（3）.

[128] 王宏波，陶惠敏.中西国有企业的性质和功能比较［J］.思想理论教育导刊，2015（7）.

[129] 王宏波.经济全球化与资本范畴的一般化［J］.西安交通大学学报（社会科学版），2001（4）.

[130] 王宏波.资本的双重属性与经济全球化的两种走向［J］.教学与研究，2002（8）.

[131] 王立胜，张弛，陈健.习近平关于国有企业论述研究［J］.当代经济研究，2020（3）.

[132] 王荣森.从大时代角度看混合所有制[N].经济参考报，2014-09-01.

[133] 维克斯，亚罗.私有化的经济学分析[M].廉晓红，译.重庆：重庆出版社，2006.

[134] 韦三水.大国企：共和国"长子们"的风雨六十年[M].北京：友谊出版社，2014.

[135] 卫祥云.国企改革新思路[M].北京：电子工业出版社，2013.

[136] 吴强.从国际金融危机看国有经济控制国家经济命脉的合理性[J].红旗文稿，2010（6）.

[137] 习近平.习近平谈治国理政[M].北京：外文出版社，2014.

[138] 习近平.习近平谈治国理政[M].北京：外文出版社，2017.

[139] 习近平.习近平谈治国理政[M].北京：外文出版社，2020.

[140] 项启源，何千强.科学理解和积极发展混合所有制经济：关于改革和加强国有企业的对话[J].马克思主义研究，2014（7）.

[141] 肖红军.改革开放40年国有企业社会责任的发展与演进[J].当代中国史研究，2018，25（6）.

[142] 辛鸣.坚持党的领导是国有企业的独特优势[J].先锋队，2015（35）.

[143] 熊晓琳，李海春.积极发展混合所有制经济，巩固公有制的主体地位[J].思想理论教育导刊，2015（3）.

[144] 闫长乐，张永泽.国有企业改革与发展研究[M].北京：中

国经济出版社，2012.

[145] 杨承训.公有制实现形式的实践和理论创新[J].马克思主义研究，2021（2）.

[146] 杨励，姜海波.论新中国国有企业与资本主义国有企业的区别[J].思想理论教育导刊，2003（3）.

[147] 杨瑞龙，张宇，韩小明，等.国有企业的分类改革战略[J].教学与研究，1998（2）.

[148] 杨瑞龙，张宇，韩小明，等.国有企业的分类改革战略（续）[J].教学与研究，1998（3）.

[149] 杨瑞龙.按照"三个有利于"标准推进国有企业改革[J].经济理论与经济管理，2020（1）.

[150] 杨瑞龙.国有企业改革逻辑与实践的演变及反思[J].中国人民大学学报，2018，32（5）.

[151] 杨瑞龙.国有企业股份制改造的理论思考[J].经济研究，1995（2）.

[152] 杨万国，金彧，张维迎.改革领导小组值得期待[N].新京报，2013-11-15.

[153] 杨卫东.国企工具论[M].武汉：武汉大学出版社，2012.

[154] 姚黎明.国有企业改制中土地资产处置[J].统计与决策，2005（13）.

[155] 余斌，师新华.论中国特色社会主义市场经济的五项原则[J].马克思主义研究，2017（3）.

[156] 袁志刚, 邵挺. 国有企业的历史地位、功能及其进一步改革 [J]. 学术月刊, 2010 (1).

[157] 曾凡沛. 以自我革命精神加强国有企业党的建设 [J]. 红旗文稿, 2019 (24).

[158] 曾宪奎. 新中国成立以来我国国有企业的发展历程与经验 [J]. 经济纵横, 2019 (8).

[159] 张晨. 以功能评价效率: 国有企业定位问题研究 [M]. 北京: 经济科学出版社, 2013.

[160] 张连城. 论国有企业的性质、制度性矛盾与法人地位 [J]. 首都经济贸易大学学报, 2004 (1).

[161] 张维迎. 市场的逻辑 [M]. 上海: 上海人民出版社, 2010.

[162] 张旭, 王天蛟. 中国特色社会主义国有企业管理体制的形成、发展与超越 [J]. 经济纵横, 2020 (12).

[163] 张宇. 国企改革贵在守住本 [N]. 人民日报, 2015-03-20.

[164] 张卓元, 郑海航. 中国国有企业改革30年回顾与展望 [M]. 北京: 人民出版社, 2008.

[165] 赵虹君. 北京市属国有企业分类监管研究 [J]. 北京行政学院学报, 2009 (6).

[166] 郑红亮, 齐宇, 刘汉民. 中国公司治理与国有企业改革研究进展 [J]. 湖南师范大学社会科学学报, 2018 (4).

[167] 中共中央文献研究室. 十三大以来重要文献选编: 中册 [M]. 北京: 人民出版社, 1991.

［168］中共中央文献研究室.十三大以来重要文献选编：下册［M］.北京：人民出版社，1993.

［169］中共中央文献研究室.习近平关于全面深化改革论述摘编［M］.北京：中央文献出版社，2014.

［170］中共中央宣传部.习近平总书记系列重要讲话读本（2016年版）［M］.北京：学习出版社，2016.

［171］中国企业改革与发展研究会.十八大报告国有企业学习读本［M］.北京：人民出版社，2013.

［172］周鲁耀，陈科霖.功能类国有企业的效用、困境与监督治理［J］.经济社会体制比较，2021（6）.

［173］周叔莲.企业改革要分类指导：从国营企业和国有企业的差别说起［J］.经济学家，1992（3）.

［174］周新城.毫不动摇地坚持公有制为主体、多种所有制经济共同发展：兼评"国进民退"、"国退民进"的争论［J］.当代经济研究，2010（4）.

［175］周新城.混合所有制是基本经济制度的重要实现形式［J］.中共石家庄市委党校学报，2016（1）.

［176］宗寒.坚持公有制为主体问题［J］.河北经贸大学学报，2013（2）.

［177］宗寒.是什么改变了中国［M］.北京：红旗出版社，2009.

［178］邹俊，张芳.建国70年来国有企业治理理论研究进展：文献回顾与改革展望［J］.当代经济管理，2019（9）.